# ANNA CLAUDIA RAMOS

# AFINAL, A GENTE OU **PODE** A GENTE **NÃO PODE?**

## OS JOVENS

**DIFUSÃO CULTURAL DO LIVRO**

# AFINAL, A GENTE OU PODE A GENTE NÃO PODE?

Essa é uma pergunta que todos os jovens fazem aos seus pais.

Um belo dia vocês crescem e se tornam adolescentes. Já não aceitam mais as coisas como elas eram antes e começam a questionar o que antes nem passava pela cabeça de vocês. Sentimentos novos começam a aparecer: medos, inseguranças, vazios, raivas, paixões, desejos, vontades. Mas nem sempre os pais estão preparados para toda essa mudança, sendo as reações as mais variadas.

Lembra-se de quando você era pequeno e vivia falando que amava seu pai e sua mãe? E de repente você soltou um: eu detesto vocês! Vocês são os piores pais do mundo, porque não me deixam fazer nada!

Pois é... É nesta hora que jovens querem ter privacidade e começam as perguntas: a gente pode ou não pode sair? Pode ou não pode voltar tarde? Por que não pode voltar tarde? Pode namorar em casa? Posso trazer meu namorado ou minha namorada pra dormir aqui? Posso começar a ter uma vida sexual ativa? Não pode por quê? Por que uns pais deixam os filhos fazer coisas que outros não deixam? Por que uns pais deixam os filhos viajar com os amigos e outros não? Por que alguns jovens seguem uma religião e outros não? Posso começar a beber? Por que não posso ficar até tarde na internet? Por que não posso trancar a porta do meu quarto? Por que tem tanta violência no mundo? Por que uns têm tanto e outros tão pouco? Por que alguns jovens se drogam? Por que alguns cometem atos violentos? Por que uns respeitam seus pais e outros não? Por que uns pais são mais liberais do que outros? Por que meus pais pegam tanto no meu pé e o dos meus amigos não? Por que meus pais perguntam tanto enquanto outros não perguntam nada?

Foi pensando nessas perguntas e em tantas outras que nasceu a ideia de escrever este livro com dois lados: o de vocês, jovens, e o dos pais, os adultos. O que será que jovens e adultos pensam sobre temas como drogas, sexo, violências, relacionamento entre pais e filhos e responsabilidades? Isso você descobrirá nas páginas deste livro, que reúne o resultado de um ano e meio de pesquisas e entrevistas com jovens e adultos de diferentes lugares do Brasil.

Por meio de entrevistas realizadas no meu *site* na internet, que permitiu que pessoas de norte a sul do país pudessem expor suas opiniões, e pelas entrevistas presenciais realizadas em diversos locais do estado do Rio de Janeiro, consegui reunir opiniões de pessoas com pensamentos, ideias, religiões, orientação sexual e classes sociais totalmente diferentes. Essa grande diversidade resultou em um material bem democrático.

A reunião de ideias e opiniões tão distintas neste livro permite a descoberta de diferentes olhares sobre os temas abordados.

O livro tem dois lados de propósito, para que você, jovem, possa ler o que outros jovens pensam, e também para descobrir o que os pais pensam. Pais muitas vezes bem diferentes do seu. Vale a pena conferir os dois lados para sacudir as ideias e repensar os valores. Garanto que você vai se surpreender!

Mas antes de você começar a ler, preciso dar dois avisos:

1. Não quero provar absolutamente nada com este livro, pois não criei as pesquisas para chegar a nenhuma estatística. Não se trata de uma pesquisa científica.

2. Você não vai encontrar uma única resposta para todas as perguntas formuladas, e sim a diversidade de olhares dos jovens e dos pais que as responderam.

Não há juízo de valor neste livro. Não trago respostas para qual pai ou qual filho tem razão. Isso vocês terão de descobrir e construir juntos na própria família, porque este livro é para fazer pensar. Para fazer os jovens e os pais olharem para si mesmos e se perguntarem: E aí? Pode ou não pode? O que fazer? Está certo ou não? Será que meus pais são tão chatos assim?

A proposta deste livro é incentivar o diálogo entre jovens e adultos, mas um diálogo verdadeiro, sem rodeios ou falsidades, sem hipocrisia ou falsos moralismos. Um diálogo pautado na amizade, na sinceridade, para que a lacuna existente entre jovens e adultos possa ficar menor, e para que todos (cada um à sua maneira) possam reavaliar suas atitudes.

Tem um dito popular que fala assim:

# "TODOS OS PAIS SÃO IGUAIS, SÓ MUDAM DE ENDEREÇO."

# E VOCÊ?

Como você se definiria neste exato momento?

# QUEM SOU EU?

# POR QUE **SIM**

# POR QUE **NÃO**

# POR QUE **PODE**

# POR QUE **NÃO PODE**

Às vezes as coisas se complicam, os assuntos se tornam mais delicados e esbarram nos **valores** de cada um.

**Por que** será que muitos pais dizem **sim** para determinados assuntos que **outros** não querem nem ouvir falar?

Por que sempre o sim ou por que sempre o não?

Será que existem outras respostas possíveis?

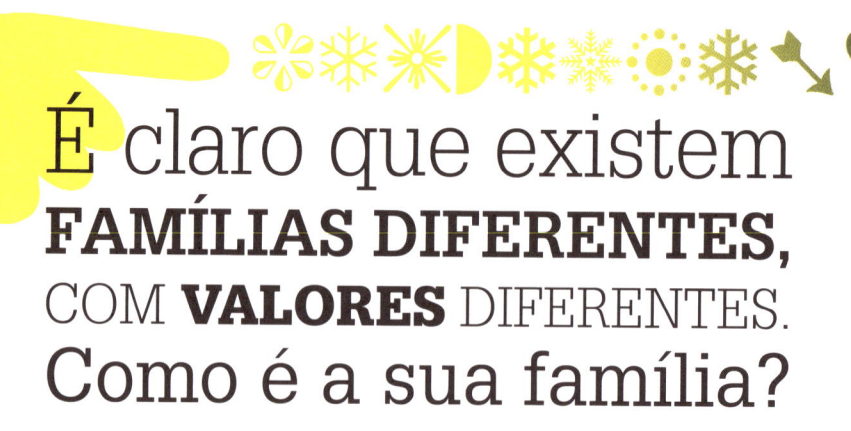

É claro que existem **FAMÍLIAS DIFERENTES,** COM **VALORES** DIFERENTES. Como é a sua família?

O que será que acontece quando há

# FALTA DE COMUN ICAÇÃO

entre filhos e pais, entre jovens e adultos?

## E quando há **comunicação,** como ela é?

Autoritária?
Democrática?
Sincera – verdadeira?
Amorosa?
Paciente?
Compreensiva?
Mentirosa – falsa?
Complicada?
Fácil?

# VOCÊ

procura o diálogo na sua casa?
procura seus pais para conversar
sobre **QUALQUER ASSUNTO**?

# AFINAL,
## O QUE PODE
### E O QUE NÃO PODE

# VAMOS LÁ!

Vamos descobrir o que os jovens andam

## PENSANDO, FALANDO, FAZENDO...

Lembra daquela primeira afirmação:

# "TODOS OS PAIS SÃO IGUAIS, SÓ MUDAM DE ENDEREÇO"?

Lendo as entrevistas ficou muito claro por que essa frase acabou virando um dito popular. A questão é que, de modo geral, seja rico ou seja pobre, more no Sul, Sudeste, Norte, Nordeste, Centro-oeste, ou seja, quem quer que seja, **OS PAIS**:

- Não querem ver seus filhos sofrendo, mesmo sabendo que o sofrimento é inerente à vontade deles.
- Não querem que seus filhos morram antes deles.
- Preocupam-se com os filhos.
- Frequentemente têm dúvidas sobre qual a melhor decisão a ser tomada.
- Não querem que seus filhos andem com más companhias.
- Querem que seus filhos estudem.
- Querem que seus filhos tenham educação.
- Não querem ver seus filhos envolvidos com coisas ilícitas.
- Não querem que seus filhos se tornem viciados em nada.
- Querem que seus filhos se protejam contra DSTs e gravidez precoce.
- Querem que seus filhos sejam responsáveis.
- Querem que seus filhos colaborem em casa cuidando de seus pertences e não deixando as coisas largadas em qualquer lugar.
- Preocupam-se quando os filhos não se alimentam bem.
- Preocupam-se quando os filhos estão na rua e, mais ainda, quando vão voltar tarde para casa.
- Preocupam-se com a violência.

# ACONTECE QUE EXISTEM JOVENS MUITO DIFERENTES.

Alguns podem até ter semelhanças, mas cada um sempre tem algo de singular e especial.

E apesar de à primeira vista parecer que os jovens não têm semelhança alguma, encontrei algo em comum entre eles:

# TODOS

QUEREM SER **AMADOS** E **RESPEITADOS**, MESMO QUE NÃO SE DEEM CONTA DISSO

# os TIPOS **de jovens**

Tem jovem que tem **TUDO**

Tem jovem que não tem NADA

Tem jovem que tem algumas coisas

# MAS

**O QUE É** TER TUDO?

Bens materiais? Afeto? **As duas coisas?**

O que é mais importante na vida

# pra você?

Há jovens que têm tudo em casa, no que diz respeito a bens materiais, **mas falta carinho, amor e proteção dos pais.**

Há jovens que não têm quase nada, no que diz respeito a bens materiais, **mas têm carinho, amor e proteção dos pais.**

Há jovens que têm muitos bens materiais, e **também** carinho, amor e proteção dos pais.

Há jovens que **não têm** quase nada de bens materiais, e também falta carinho, amor e proteção dos pais.

Enfim, **em qualquer classe social existirão diferenças de filhos e de pais em relação a amarem e serem amados.** Alguns jovens perceberam que sempre alguém tem mais ou menos do que eles, seja material ou afetivamente.

Muitos jovens querem conversar com seus pais, mas eles não dão espaço. **Muitos trocariam tudo por um dia de passeio e conversa amorosa com os pais.**

Outros disseram que sabem que **dinheiro não compra felicidade nem saúde**, mas que compra coisas legais e paga o plano de saúde. Enquanto, para outros, o **dinheiro compra o alimento que tanto falta em alguns lares.**

# EXISTEM
## JOVENS

- Com personalidade forte.
- Que sabem o que querem e ninguém os faz mudar de ideia.
- Que são totalmente influenciados pelas opiniões alheias.
- Pacíficos e obedientes.
- Pacíficos e desobedientes.
- Questionadores e obedientes.
- Questionadores e desobedientes.
- Teimosos.
- Que escutam os pais.
- Que não se entendem com os pais.
- Que são amigos dos pais.
- Que odeiam os pais.
- Inconsequentes.
- Responsáveis.
- Estudiosos.
- Que detestam estudar.
- Violentos.
- Educados.

# MAS TAMBÉM

## HÁ JOVENS QUE:

- Não têm pais.
- Perderam seus pais por algum motivo.
- Só têm pai ou só mãe.
- São adotados.
- Estão abandonados em diversos sentidos.
- Não têm oportunidades.
- São taxados de delinquentes.
- Ficam praticamente invisíveis na sociedade e talvez nunca venham a ter acesso à educação de qualidade e aos livros.

# OS JOVENS E AS

# DROGAS

A grande maioria dos jovens conhece ou pelo menos já ouviu falar de diferentes tipos de drogas. Das lícitas: cigarro, álcool e remédios de modo geral; às ilícitas: maconha, cocaína, crack, LSD, ecstasy, heroína de diferentes tipos, drogas sintéticas, chá de cogumelo, chá de fita cassete, chá de pilha, special K, cola de sapateiro, loló, lança-perfume, haxixe, skunk, ópio.

**Obs:** Esta listagem de drogas segue exatamente o que os jovens relataram sobre conhecimentos de tipos de drogas. Mantive o que eles escreveram ou falaram para dar uma noção do que consideram como sendo drogas ilícitas.

# Sobre consumir drogas, disseram que existem vários níveis:

- Os que consomem com moderação bebidas alcoólicas e até mesmo maconha, para relaxar.
- Os que consomem e são viciados e dependentes químicos.
- Os que já experimentaram, mas não gostaram.
- Os que já experimentaram e gostaram.
- Os que se deixaram influenciar por amigos e namorados.
- Os que não se deixaram influenciar por amigos e namorados.

Muitos disseram não consumir, mas conhecem alguém que consome.
Alguns pareceram não querer assumir que consomem.

A grande maioria detestaria saber que seus pais se drogam ou que são viciados em alguma coisa, como bebida, por exemplo. Mas fizeram uma distinção:

**"Uma coisa é beber socialmente, outra é se tornar um bêbado, um alcoólatra."**

Para alguns jovens essa frase vale também em relação ao uso da maconha. Mas um outro grupo acha impossível alguém conseguir fumar maconha socialmente e manter uma vida tranquila.

# POR

## os jovens

**Fuga da realidade.** Influência dos amigos.

Se livrar de problemas. **Pais ausentes.**

Baixa autoestima. Se acham imortais. Se divertir.

Curiosidade. **Falta de amor.**

Se mostrar para os outros. Se sentir poderoso.

Se sentir realizado. Carências diversas.

Falta de religiosidade. **Falta de limites.**

São inconsequentes. Não conseguem entender por que isso acontece.

# QUE usam drogas?

Afrontar os pais.

Fraqueza emocional.

Natural do adolescente.

**Preencher um vazio.**

**Falta de Deus.**

**Falta de estrutura familiar.**

**Por medo de viver e enfrentar os problemas, encarar a vida de frente.**

Lacuna na criação.

**Não sabem lidar com as perdas e as frustrações.**

Para suportar o mundo.

Para se exibir.

**Não sabem lidar com o impacto das emoções negativas sobre si.**

Necessidade de sobrevivência (referência a quem se envolve com o tráfico de drogas e acaba se drogando).

# POR QUE
## os jovens usam drogas?

## **Muitos sabem que a droga é uma droga e por isso não usam.**
Muitos sabem que a droga é uma droga e mesmo assim usam.

Vários disseram que ter uma **estrutura familiar estável** não é sinônimo de não se envolver com drogas ou coisas ruins. Acham que nem sempre a culpa é dos pais, muito pelo contrário. E também acham que não existem culpados, e sim vítimas. Mas que se a tal culpa existir, é de quem se permitiu envolver com as drogas. Um grupo muito pequeno disse que culparia os pais porque é mais fácil fazê-los se sentir culpados do que assumir que erraram.

De modo geral, disseram que a melhor maneira de acabar com as drogas, caso tenham se tornado dependentes químicos, é **assumir que são dependentes químicos** e buscar apoio com pessoas de confiança. E acham que nesta hora o apoio verdadeiro da família é fundamental.

Um grupo disse que **não contaria aos pais** por nada, nem para pedir ajuda, pois os jovens deste grupo acham que não seriam compreendidos por seus pais e talvez fossem expulsos de casa. Um ou outro disse que os pais os matariam

# POR QUE
## os jovens usam drogas?

se soubessem de seu envolvimento com drogas, ou os internariam sem nem conversar.

Mas a grande maioria acha mesmo que **o apoio da família é fundamental** para alguém se livrar de qualquer vício.

Muitos **contariam aos pais.**
Muitos **não contariam aos pais.**

Mas quase todos sentiriam muita **vergonha** se os pais descobrissem que se drogam, porque acham que estariam decepcionando-os.

Alguns disseram que se fossem **dependentes químicos** talvez roubassem para comprar drogas, outros não roubariam de jeito nenhum.

A grande maioria quer entender por que drogas causam tanto fascínio em alguns jovens.

Vários nunca experimentaram e disseram que nunca experimentarão porque não querem estragar suas vidas.

Outros disseram ter curiosidade, mas têm medo de experimentar.

Mas uma coisa é fato: Quem já passou por **clínicas para dependentes químicos** e conseguiu se livrar das drogas relatou que é tudo muito difícil e que, sem força de vontade, fé e apoio familiar, tudo fica muito pior e mais complicado.

# POR QUE
## os jovens usam drogas?

Alguns jovens chamaram a atenção para uma questão importante:

"Os adultos se preocupam muito com drogas como cocaína e ecstasy, mas são negligentes em relação a álcool, maconha, tabaco e, até mesmo, alguns medicamentos."

Fica aqui registrado o recado de alguns jovens para reflexão.

Alguns assumiram que fumam **um baseado** para relaxar, como quem bebe uma cervejinha, mas não permitem que isso atrapalhe suas vidas. Outros questionaram se isso é possível.

Alguns não querem nem sentir o cheiro de maconha e não aceitam nem ser amigos de quem usa algum tipo de droga ilícita.

# POR QUE
## os jovens usam drogas?

Alguns são **filhos de alcoólatras ou drogados** e sofrem muito com a doença dos pais. Neste grupo existem os que têm receio de ser influenciados pelo exemplo negativo dos pais, enquanto outros acham que, por vivenciar a doença dos pais e os ver sofrer, jamais os imitarão.

Alguns jovens gostariam de ter tido **informações sobre os efeitos das drogas em seus usuários**, mas informações verdadeiras e sinceras, ou seja, aquelas desprovidas de conceitos preestabelecidos. Mas chamaram a atenção para um ponto importante: que são poucos os pais ou mesmo professores que estão disponíveis e dispostos a ter uma conversa deste tipo, sem hipocrisia e com afeto.

**E você?**
O que você pensa e como se posicionaria a respeito do tema

# DROGAS

em relação a você mesmo e em relação a seus pais?

# Os jovens e o
# SE

# Sexo ainda é o grande assunto tabu!

Os jovens e o

# SEXO

Sexo ainda é o grande
assunto tabu!

Q uando o assunto é sexo, as opiniões são variadas demais. Esbarram nos valores, crenças, traumas, vivências, medos e desejos de cada um.

Muitos jovens ainda sentem vergonha de falar sobre o assunto com seus pais, seja para tirar dúvidas ou para buscar informações sobre Doenças Sexualmente Transmissíveis (DSTs) e métodos contraceptivos.

Enquanto eu estava no processo de criação deste livro, ouvi (não me lembro onde) uma frase ótima:

**"A gente sempre acha que as coisas só vão acontecer com os outros, mas a gente se esquece que nós somos os outros dos outros."**

A pessoa que disse a frase falou que ela servia para qualquer assunto, mas que era perfeita para falar sobre sexo: "Todo mundo acha que nunca vai pegar uma DST ou que nunca vai engravidar. Sempre acha que isso só acontece com os outros".

Durante um debate sobre sexualidade com jovens da ONG Ecos do Futuro, situada na Ilha do Governador, no estado do Rio de Janeiro, alguns jovens ficaram tão impactados quando falei essa frase que pediram que eu repetisse para anotar e volta e meia um falava:

**– Como é mesmo? Nós somos os outros dos outros... hum... muito bom isso, hein... nunca tinha pensado sob esse ponto de vista.**

## Algumas descobertas curiosas:
# De modo geral:

Filhos não gostam muito de saber da vida sexual de seus pais.

**Filhos querem privacidade e adoram fechar portas** (caso tenham um quarto só para si), **mas não gostam quando seus pais estão de portas fechadas**, principalmente se estiverem namorando.

Os jovens e o

# SEXO

Sexo ainda é o grande
assunto tabu!

# Sexo e religião

Alguns jovens disseram que só vão **fazer sexo depois do casamento**. De modo geral, quem deu esse tipo de resposta ou foi porque tem muito medo de passar por esse momento, ou porque seguem alguma religião que proíbe o sexo antes do casamento.

Mas alguns **jovens que seguem uma religião** e possuem crenças religiosas indagam-se a respeito de algumas questões, tais como: namorar, ficar, fazer sexo antes do casamento, usar ou não camisinha.

Esses jovens falaram que uma coisa é ter comportamentos legais, se cuidar, se preservar de perigos e ter uma fé. Outra coisa é a religião fazer proibições inquestionáveis. Por isso, defendem o avanço das ideias em relação ao tempo e a necessidade de revisão de atitudes de algumas pessoas e religiões.

Os jovens questionaram falsos moralismos. Fizeram relatos de pessoas ultramoralistas que socialmente têm um tipo de comportamento, mas "nos bastidores" agem de forma totalmente diferente do que pregam como conduta moral. E, para piorar, muitas vezes são mais imorais do que aqueles que eles vivem discriminando.

Esses jovens também não gostam de ver pessoas que se dizem religiosas agirem de forma preconceituosa, mesquinha, discriminatória e nada amorosa em relação ao próximo.

Os jovens e o
# SEXO
Sexo ainda é o grande
assunto tabu!

# Camisinha

Agora, quando o assunto envolve **o uso da camisinha**, a maioria afirma que **usa sim** ou que, se ainda é virgem, vai usar quando começar a ter relações sexuais. Mas boa parte disse que já esqueceu de usar algumas vezes, ou ficou com vergonha de pedir para o parceiro usar. Teve um grupo que disse que muitas vezes "não dá tempo", ou que "na hora do bem-bom a gente nem lembra dessas coisas e nem se toca do que pode acontecer depois".

A minoria disse que **não usa nunca**. Uma parcela de jovens que possui parceiro fixo optou pelo uso de **pílula anticoncepcional** e não usa camisinha, mesmo sabendo que com isso corre o risco de contrair alguma DST. Esses jovens falaram que para fazer sexo sem preservativo tem de haver respeito e confiança mútuos.

Outros acham que nada vai acontecer com eles. Que nunca vão engravidar e muito menos contrair alguma DST. Até porque muitos desconhecem as DSTs. Não sabem quais são e nem que consequências podem ter.

**Muitos têm dúvidas** e procuram informação.

# Muitos têm dúvidas e **não procuram informação.**

Os jovens e o

# SEXO

Sexo ainda é o grande assunto tabu!

# Pode ou não
# fazer sexo em casa?

Em relação a fazer sexo em casa, **a grande maioria acha que os pais nunca permitirão**. Alguns pensam em pedir aos pais, outros nem pensam nessa possibilidade, porque acham que não vão conseguir este espaço em casa nunca.

Há um grupo de jovens que **pode fazer sexo em casa**, mas, de modo geral, quando isso acontece, é com parceiro fixo e não com um ficante. Há um grupo que **não pode** mesmo.

Com ficante a maioria dos jovens acha impossível que seus pais deixem. Ou quando fazem é porque os pais não estavam em casa e nem ficam sabendo que aconteceu.

Alguns adolescentes contaram que seus pais preferem que eles façam sexo em casa, com segurança e tranquilidade, do que na rua ou em lugares inapropriados.

Há também os que nem cogitam fazer sexo em casa, porque acham que seria uma invasão da sua própria privacidade ou porque não querem que seus pais saibam nada de sua vida íntima.

Há os que querem poder fazer sexo em casa, mas não podem fazer nunca. Há os que podem e não querem usar este espaço. Há os que podem e fazem. Há os que não podem e fazem quando os pais não estão em casa.

Os jovens e o

# SEXO

Sexo ainda é o grande
assunto tabu!

# Muitos jovens ainda não fizeram sexo.
# Muitos jovens já fizeram sexo.

Em relação **a existir uma idade certa para iniciar a vida sexual**, os jovens dizem que **isso não existe**. Que deve ser a da maturidade emocional e do corpo, e não uma idade biológica.

Muitos gostariam de ter sua **primeira relação sexual** com alguém legal, que amem, e não com uma pessoa qualquer, sem afeto. Enquanto outros disseram que sexo é sexo, mas que sexo com amor é melhor.

Alguns fizeram sexo com 12 ou 13 anos e hoje, com mais de 18, acham que foi cedo demais e que ninguém deveria fazer sexo antes dos 16, 17 anos.

## Em relação a contar ou não aos pais que já fez sexo, está equilibrado:

➤ Uma parte contaria ou já contou.

➤ Uma parte não contaria e nem contou.

➤ **Uma parte não contou, mas os pais descobriram.**

➤ **Uma parte não contou e os pais não descobriram.**

Os jovens e o
# SEXO
Sexo ainda é o grande assunto tabu!

## Quando os pais descobrem que seus filhos não são mais virgens, as reações são diferenciadas:

Há os que conversam com respeito.

**Há os que batem, principalmente nas filhas, e as chamam de vagabundas.**

Há os que compreendem e querem proteger, compram livros sobre o assunto e levam a filha ao ginecologista.

**Há os que acham que o menino tem mais é que ficar com muitas meninas mesmo, porque é macho.**

**Há os que conversam de forma autoritária.**

Há os que não respeitam de jeito nenhum o tempo e as escolhas dos filhos e se metem em tudo.

Há os que preferem fingir que nada aconteceu.

Há os que descobrem, mas não falam nada.

Há os que respeitam o tempo e as escolhas dos filhos.

Algumas meninas acham legal **ter filho cedo** e pensam que, se engravidarem, ficarão com seus parceiros para sempre. Quem já passou por essa experiência tem muito a relatar.

Os jovens e o

# SEXO

Sexo ainda é o grande
assunto tabu!

## Ouvi meninas
## que engravidaram
## e o namorado:

⇨ Sumiu e não assumiu o filho.

⇨ Não sumiu, mas também não assumiu o filho.

⇨ Assumiu o filho com responsabilidades.

⇨ Assumiu o filho sem responsabilidades.

⇨ Casou, se tornou responsável e colabora
cuidando do filho.

⇨ Casou, não se tornou responsável e não colabora
cuidando do filho.

Os jovens e o

# SEXO

Sexo ainda é o grande
assunto tabu!

De modo geral, as meninas disseram que acabam ficando sozinhas com o bebê e morando na casa dos pais. Mas disseram que em relação a este assunto tudo é muito relativo e que ter **responsabilidades** não tem necessariamente a ver com idade biológica, mas sim com a **maturidade emocional** e a **consciência de cada um**, tanto da menina quanto do menino.

Praticamente todas que passaram por esta experiência de ser mãe jovem demais contaram que tiveram de amadurecer na marra. Umas assumiram por completo seus filhos, outras deixaram com suas mães, tias ou avós para que elas criassem as crianças.

Como você pode perceber, tem de tudo quando o assunto é gravidez. **E você?** Como agiria diante dessa situação, caso ficasse grávida (no caso das meninas) ou engravidasse a namorada (no caso dos meninos)?

Os jovens e o
# SEXO
Sexo ainda é o grande
assunto tabu!

# Discutindo a
# diversidade sexual

Em relação à **diversidade sexual** as opiniões são bem divergentes. Quanto a aceitar uma orientação sexual diferente da sua em relação aos seus colegas de escola e/ou trabalho, **uma parcela**:

⇨ **Aceita** desde que não receba cantada.

⇨ **Aceita**, mas não quer andar junto com medo do que podem falar sobre essa amizade.

⇨ **Aceita e não se preocupa** com as opiniões alheias em relação a esta amizade.

⇨ **Não aceita**, mas respeita a pessoa.

⇨ **Não aceita de jeito nenhum** e **nem respeita a pessoa**.

⇨ **Não vê problema algum**, só não gosta de estereótipos.

Os jovens e o
# SEXO

Sexo ainda é o grande
assunto tabu!

# Alguns jovens são:

▶ Heterossexuais
▶ Homossexuais
▶ Bissexuais
▶ Curiosos

Alguns já se apaixonaram por pessoas do mesmo sexo, mas não tiveram coragem de viver essa relação. Alguns se apaixonaram por pessoas do mesmo sexo e tiveram coragem de viver essa relação.

Uns preferiram sofrer, desistir, a enfrentar a vida. Uns preferiram viver e tentar ser feliz.

Há os que têm coragem de falar que são gays e os que não têm. Há os que contam com o apoio da família e os que não contam.

Os jovens e o

# SEXO

Sexo ainda é o grande
assunto tabu!

Quem não conta com apoio sofre muito e se recente
de não ser mais querido por seus familiares só
por causa de sua orientação sexual. Quem conta
com total apoio da família diz que esse fator foi
fundamental para se sentir amado, querido e,
principalmente, protegido.

Alguns disseram que "o tempo cura feridas" e
faz com que os pais os aceitem como são. Outros
disseram que os pais, de certa maneira, sempre
sabem quando os filhos são gays, mas fingem que
não sabem para não ter de tocar no assunto.

Alguns jovens homossexuais disseram que seus
pais sabem que o mais importante na vida é ser
feliz, por isso os respeitam e os amam. Não dão
desculpas que por serem gays irão sofrer, pois
acham que sofrer de amor todos vão um dia,
independentemente de ser homo ou heterossexual.

Alguns homossexuais disseram que não existe
opção sexual, porque ninguém optaria viver algo
complicado e difícil. Também disseram que no
íntimo sempre souberam de seus desejos.

Vários jovens homossexuais tentaram namorar
pessoas do sexo oposto, mas não conseguiram e

Os jovens e o

# SEXO

Sexo ainda é o grande
assunto tabu!

disseram que se sentiram agredindo a si mesmos, tentando fazer algo que não desejavam.

Alguns jovens disseram que se matariam caso se apaixonassem por alguém do mesmo sexo. Por vergonha ou por medo.

Alguns homossexuais recriminam quem vive uma vida de fachada: quem namora menina, mas gosta mesmo é de menino ou vice-versa. Disseram que é melhor ser autêntico e honesto do que mentiroso e falso.

Mas se a questão da **homossexualidade** envolver os **pais**, alguns aceitariam sem problema nenhum, pois acreditam que o importante é ser feliz e se respeitar, independentemente de quem você ame.

Outros disseram que primeiro ficariam chocados, mas depois acabariam aceitando. Outros não aceitariam de jeito nenhum e iriam morar com o que não fosse homossexual ou com os avós. Outros afirmaram que teriam vergonha. Neste ponto alguns colocaram que os filhos deveriam ter vergonha se os pais fossem bandidos, corruptos, amorais, se o pai batesse na mãe, mas que nunca deveriam se envergonhar do amor.

# SEXO

Sexo ainda é o grande
assunto tabu!

Alguns jovens são **filhos de homossexuais** e lidam bem com isso.

Alguns jovens são filhos de homossexuais e **não lidam bem com isso.**

Alguns são **filhos adotivos** e lidam bem com isso.

Alguns são filhos adotivos e **não lidam bem com isso.**

Alguns são **filhos naturais** e lidam bem com isso.

Alguns são filhos naturais e **não lidam bem com isso.**

**Todos os casos são sempre muito diferentes.**

Os jovens e o
# SEXO

Sexo ainda é o grande assunto tabu!

Alguns adolescentes, filhos de pais heterossexuais, disseram que têm amigos cujo pai ou mãe é gay, e que estes são muito mais "certinhos" do que seus pais que são heterossexuais.

Mas ainda existem jovens que desprezam, fazem piadas e **ridicularizam os homossexuais.**

**Uns batem, uns matam, uns amam, uns protegem.**

# E você?

## Em que grupo você se encaixa?

Os jovens e o

# SEXO

Sexo ainda é o grande
assunto tabu!

# Em relação a conversar ou não com os pais sobre sexo:

- Alguns preferem conversar e tentar ser amigos dos pais, principalmente da mãe, que esteve em alta nas pesquisas.

- Alguns poucos pais (pai mesmo e não no genérico, pai e mãe) já se deram conta que devem conversar com seus filhos, seja menino ou menina.

- Algumas (poucas) meninas disseram ser mais fácil conversar com o pai do que com a mãe.

- Muitos disseram ter vergonha de conversar sobre sexo com os pais.

Os jovens e o

# SEXO

Sexo ainda é o grande
assunto tabu!

- Alguns acham que não adianta conversar com os pais, porque os pais sabem menos do que eles quando o assunto é sexo.

- Outros não falam sobre sexo com os pais e não vão conversar de jeito nenhum, nem se os pais perguntarem.

- Uns mentem dizendo que nunca fizeram, mas já fizeram sexo.

- Muitos preferem falar com os amigos ou ir direto buscar um ginecologista ou ler livros informativos sobre o assunto.

- Alguns acham legal conversar, mas não necessariamente contar detalhes.

- Alguns jovens se mostraram mais reservados do que seus pais e não querem ouvir opiniões ousadas, principalmente vindo dos seus pais, mas se for dos pais dos amigos tudo bem.

Os jovens e o

# SEXO

Sexo ainda é o grande
assunto tabu!

Em relação a sexo, ora os pais ficam constrangidos com alguma coisa, ora os filhos.

Existem filhos que acham que os pais não dão conta de saber que eles cresceram e estão tendo relações sexuais.

Alguns jovens acham que seus pais são caretas e antiquados, outros acham que seus pais são os melhores amigos.

## Um ponto para reflexão:

Algumas meninas disseram que seus pais acham que elas são novas demais para falar sobre sexo, mas elas acham que eles estão enganados e no fundo não querem ver a realidade.

Segundo essas meninas: "Antes falar sobre desejos do que ter que encarar os pais pra contar que tá grávida, porque aí já era, é tarde demais. O fato já tá consumado e a conversa não vai ser das melhores".

Os jovens e o
# SEXO

Sexo ainda é o grande
assunto tabu!

Jovens heterossexuais, homossexuais, bissexuais ou curiosos, todos, sem distinção, vivem as alegrias e as tristezas da descoberta da paixão, do desejo, do amor, do sexo.

De modo geral, quando o assunto é sexo, as histórias são infindáveis. Meninos ainda amam *sites* e revistas pornográficas mais do que meninas. Muitos jovens falam demais e fazem de menos. Poucos são os que falam a verdade e falam sobre seus sentimentos. Muitos adoram contar vantagem. Alguns tentam ser íntegros consigo mesmos, outros não se respeitam. Nem todos sabem se preservar.

# E você?

## Como você cuida do seu corpo?

# Os jovens e a

**VIOL...**

ENCIA

Os jovens e a
# VIOLÊNCIA

De modo geral,

**jovens detestam violência.**

**Acham a pior coisa que existe.**

Mas sabem que há jovens e adultos violentos, e **muitos já sofreram a violência na própria pele.**

Os jovens e a
# VIOLÊNCIA

Os jovens listaram algumas coisas que consideram fazer parte do pacote **violência**:

- Violência urbana, incluindo assaltos, balas perdidas, sequestros, tráfico de drogas, brigas e coisas do gênero.
- Violência doméstica, incluindo desde espancamentos, pais que batem nos filhos, até violência emocional.
- Violência verbal, considerada tudo o que é dito para machucar, menosprezar, diminuir a autoestima de alguém.
- Tráfico de drogas propriamente dito.
- Corrupção pode gerar violência.
- Estresse pode gerar violência.
- Falta de oportunidades pode gerar violência.
- Falta de educação pode gerar violência.
- Falta de amor pode gerar violência.
- Maus-tratos podem gerar violência.
- Consumismo em excesso pode gerar violência.
- Revolta gera violência.

Os jovens e a
# VIOLÊNCIA

## Opiniões dos jovens sobre a **violência urbana**

### Violência urbana tem a ver com...

... o tráfico de drogas.

... a corrupção em diferentes níveis.

... a desigualdade social.

... o consumismo.

... traumas psicológicos.

... falta de controle sobre a raiva.

... a fome.

Os jovens e a
**VIOLÊNCIA**

## Opiniões dos jovens sobre a violência doméstica

### Violência doméstica tem a ver com...

... covardia.

... pais querendo mostrar poder.

... descaso dos pais.

... falta de amor dos pais.

... desestrutura familiar.

... falta de educação.

... pais alcoólatras ou drogados.

# VIOLÊNCIA

Surpreendentemente, **alguns jovens não quiseram debater este tema.** Começaram, mas não quiseram dar continuidade, pois não aguentam mais falar sobre o assunto. Estão cansados de tanta violência.

**Jovens que já apanharam ou que já sofreram algum tipo de violência** (seja dentro ou fora de casa) ficaram profundamente marcados. Uns se tornaram pessoas medrosas e acuadas, enquanto outros se tornaram pessoas amarguradas e violentas.

De modo geral, **os jovens recriminam atos violentos** em casa e na rua. Acham que violência gera violência e que, para educar, os pais não precisam bater em seus filhos.

Mas **sobre apanhar em casa** ainda existem jovens que acreditam que uma palmadinha não faz mal a ninguém. Que uma coisa é dar uma palmada na hora certa e outra é espancar. Isso eles condenam.

Vários jovens acreditam que **alguns pais batem nos filhos** porque não têm controle sobre eles. Bater seria uma forma de os pais mostrarem poder. Um poder que mete medo, mas não faz os filhos terem respeito e muito menos os pais terem autoridade. Neste ponto, os jovens acham que os filhos obedecem por medo de apanhar, mas se revoltam intimamente.

# Para reflexão:
## Palavras de um jovem:

" Se bater desse jeito em alguém resolvesse, meu pai teria tomado jeito quando levou muitos tapas de seu pai, meu avô. Educar é uma coisa, dar uma surra, espancar, é outra. Na verdade, os pais descontam sua raiva ao bater nos filhos e não ensinam nada de produtivo com essa ação. Eles deviam pensar sobre isso."

# VIOLÊNCIA

Para a maioria dos jovens **o problema da violência urbana** não está relacionado apenas ao tráfico de drogas, pois falaram que a violência sempre existiu, só foi mudando de cenário de acordo com as épocas. Mas muitos acham que o tráfico de drogas tem, sim, uma parcela de culpa no aumento da violência urbana. O tráfico e tudo o que está relacionado a ele, como, por exemplo, as pessoas corruptas que estão envolvidas em diversos sentidos.

Alguns defendem a liberação das drogas para que exista um controle melhor de tudo. Estes acreditam que se as drogas fossem legalizadas perderiam o gosto do proibido. Outros acham isso uma besteira e condenam totalmente **a legalização das drogas.**

Muitos acreditam que alguns jovens ficam fascinados pelo poder que uma arma dá a alguém. Muitos jovens que já tiveram **ligação com o tráfico** e conseguiram sair deram depoimentos emocionados sobre como precisaram ser fortes para não sucumbir à tentação de conseguir coisas de maneira aparentemente fácil. Eles perceberam que o caminho naquela vida seria curto e passageiro. Mas, infelizmente, para alguns jovens este caminho é o que resta como opção de vida.

A maioria acha que **a falta de oportunidades para os jovens** é o grande problema, o que faz com que muitos adolescentes se envolvam com besteiras e coisas ilícitas. Também acreditam que os jovens que estão envolvidos no tráfico de drogas com certeza não

Os jovens e a
# VIOLÊNCIA

escolheriam esse caminho, se tivessem opção de vida, de estudo, de trabalho, de dignidade.

Para muitos a **sociedade de consumo** é a grande vilã da violência. Todos querem ter mais e mais e se não têm condições de comprar vão roubar para conseguir. É neste cenário que surgem assaltos, sequestros, venda de drogas, roubo de carros, de som, desde pequenos furtos até coisas maiores. Os jovens acham que as pessoas roubam por diversos motivos, mas quando se referem a roubar para ter mais coisas, falam dos jovens como um todo, independentemente da classe social.

Os jovens fazem uma distinção entre **você ser o que você é ou você ser o que você tem.** No fundo, eles querem ser o que são apenas, mas acabam se tornando as maiores vítimas da sociedade de consumo. Segundo eles próprios, a sociedade de consumo quer fazer com que as pessoas acreditem que comprando bens materiais estarão comprando felicidade. Alguns chegaram a dizer que vivem numa sociedade onde se consome uma "suposta felicidade".

A questão das **roupas de marca,** por exemplo, virou uma febre entre os jovens, independentemente da classe social. Mas enquanto uns detestam coisas de marca, outros são fascinados.

Muitos acreditam que você é o que você tem. Muitos acreditam que você é o que você pensa, faz e sonha.

# VIOLÊNCIA

Alguns jovens acham que a **globalização** padronizou todo mundo e que eles precisam ser fortes e ter uma personalidade ainda mais forte para não cair na cilada consumista padronizadora.

Muitos acham que, **se todos os políticos fossem honestos e não houvesse corrupção, a violência seria menor** ou, quem sabe, inexistente. Disseram que estudando descobriram que estas questões de corrupção e briga pelo poder existem há séculos.

Os adolescentes acham que alguns jovens que querem consumir drogas e não têm dinheiro roubam para poder sustentar seu vício.

Alguns jovens acham que só mudando o comportamento dos seres humanos a humanidade vai melhorar e a violência, diminuir.

Mas também teve uma opinião que chamou a atenção. Um jovem disse achar a violência necessária, pois se só existisse paz no mundo seria tudo muito chato. Mas a grande maioria enxerga a violência como algo nocivo em muitos sentidos.

**Os que sofreram algum tipo de abuso** disseram que só vivendo para se ter uma exata dimensão dos fatos e das dores. Acham que quem nunca sofreu algum abuso, algum tipo de violência, pode até imaginar, mas não sabe o que é sentir a dor na própria pele ou nos sentimentos.

# Os jovens e a VIOLÊNCIA

**Jovens** que já foram **violentados** pelo pai, padrasto, tio, ou qualquer parente próximo, e não tiveram apoio da mãe ou de outros familiares, guardam dores e tristezas profundas. Disseram ter sentido vergonha, medo, e se sentiram desamparados quando não acreditaram no que eles contaram quando tiveram coragem de enfrentar o ocorrido. Mas nem todos têm coragem de contar.

Quanto à **violência doméstica,** acham um absurdo alguém bater em quem ama. Seja o marido na mulher, ou os pais nos filhos. A grande maioria não aprova esse comportamento por parte dos adultos e nem entre irmãos, pois muitos falaram que o mais forte sempre atua sobre o mais fraco, física ou emocionalmente.

**Quanto aos que matam por matar,** que batem em homossexuais, incendeiam índios e mendigos, agridem prostitutas e travestis, brincam com a vida como se ela não valesse nada, muitos acham uma temeridade e uma total falta de consciência e de respeito com a vida, uma barbaridade e uma crueldade sem tamanho.

Mas os jovens sabem que existem jovens violentos e acham que o fato de eles serem assim tem a ver com:

- Excesso de permissividade dos pais.
- Carências afetivas.
- Despreparo para lidar com as derrotas da vida.
- Total desestrutura emocional.

Alguns também disseram que esse tipo de **violência gratuita** é consequência da desestrutura emocional do jovem que tem traumas e busca descontar suas raivas, angústias e insatisfações em outras pessoas de forma violenta, tentando achar uma resposta para seus vazios.

Quanto a se envolverem em **acidentes e brigas** de turmas, muitos lembraram aquela frase: *"A gente sempre acha que as coisas só vão acontecer com os outros, mas a gente se esquece que nós somos os outros dos outros"*.

Esta frase foi lembrada enquanto conversávamos sobre violência, porque os jovens disseram que, na maioria das vezes, eles nunca pensam que vai acontecer alguma desgraça com eles. Poucos pensam. Muitos só pensam nas consequências de seus atos depois. Isso se pensarem, pois acreditam que alguns não pensam nunca.

Muitos jovens nem pensam no que pode vir a acontecer se pegarem **carona** com alguém alcoolizado, **dirigirem bêbados,** entrarem numa **briga de pancadaria pra valer,** ou se fizerem coisas que coloquem suas vidas em risco. Fazem e pronto.

Quem já perdeu algum parente ou amigo em uma situação destas começa a pensar mais na vida e nas consequências de seus atos.

# Os jovens e a VIOLÊNCIA

Alguns acham exagero dizer que a sociedade está mergulhada na violência. Acreditam que vivemos, sim, uma onda de violência, mas que tem muita coisa boa acontecendo também, e isso a mídia não noticia. Dizem que a **mídia incentiva a violência,** supervalorizando-a em vez de falar sobre as coisas boas que acontecem no mundo.

Enfim, **violência** foi um tema que passeou por várias instâncias, desde a violência em que somos as vítimas por fatores externos, como no caso de balas perdidas, assaltos, sequestros, até a violência que praticamos contra nós mesmos, como nos momentos em que nos colocamos em risco.

Alguns jovens lembraram que existe a violência imposta pela propaganda e supervalorização do **mito da beleza,** do mito do belo, que escraviza as pessoas, fazendo-as querer seguir um padrão.

Uns se preocupam demais com sua imagem, outros nem tanto. Algumas meninas chamaram a atenção para os casos de anorexia nervosa e bulimia, que são maneiras de fazer mal a si mesmo, de violentar o próprio corpo.

Mas o fato é que, se importando mais ou menos, **a imagem** é uma questão que **mexe demais com as pessoas,** principalmente com os jovens.

# Os jovens e a VIOLÊNCIA

## Um fato muito interessante observado por alguns:

Muitos adolescentes afirmam que as coisas às vezes acontecem de forma violenta por conta das atitudes de cada um.

Acreditam que não é o meio que determina como uma pessoa é. São as pessoas que se permitem ser influenciadas e viver ou não coisas boas ou ruins.

# E você?

O que pensa sobre a violência?

**Pode ou não pode ser violento?**

O que é violência pra você?

**Você tem alguma ideia
de como a sociedade pode
acabar com a violência?**

# OS JOVENS E O

# RELACIO[N]

# COM OS

# PA

# AMENTO

# RELACIONAMENTO
## COM OS
# PAIS

Esta história de relacionamento entre pais e filhos é uma questão complicada, porque neste ponto as opiniões vão variar muito de família para família, de jovem para jovem, de adulto para adulto. Cada um pensa de um jeito e acredita que esta é a melhor maneira de ser, pensar, agir.

## Como é a sua relação com seus pais?

Você gostaria que a sua relação com seus pais fosse diferente?

## Se **sim**, como gostaria que fosse?

OS JOVENS E O
# RELACIONAMENTO
COM OS
# PAIS

Nem sempre essa relação com os pais é harmoniosa e quase nunca os pais são tão liberais quanto os filhos gostariam. Mas por mais incrível que pareça, ficou claro nas entrevistas que os jovens gostam de limites, mesmo quando dizem que os pais enchem a paciência falando e orientando o tempo todo.

Os jovens acham que os pais falam com os filhos porque se preocupam com eles. No fundo, sentem-se seguros e amados diante de tal comportamento, mesmo com todas as reclamações que possam fazer em relação aos pais.

Durante o processo de escrita deste livro, ouvi um relato muito importante, fundamental para pais e filhos fazerem uma reflexão. Uma amiga me contou a história de duas meninas, de aproximadamente 14 anos, que estavam andando na rua e conversando.

# RELACIONAMENTO
## COM OS
# PAIS

– Ah! A sua mãe é que é legal! Ela deixa você fazer tudo, não fica enchendo o saco perguntando: Aonde você vai? Com quem você vai? Quem é essa amiga que nunca ouvi falar? A minha mãe é uma chata. Tudo ela pergunta, me liga o tempo todo querendo saber se eu tô bem, se comi, se cheguei bem em casa.

– Quem me dera que a minha mãe fosse como a sua. Se ela me ligasse o tempo todo querendo saber de mim, eu ia me sentir amada. Porque a minha mãe não tá nem aí pra mim, pra ela tanto faz como tanto fez se eu saí ou fiquei em casa, se estudei ou se não estudei. Ela nunca pergunta nada da minha vida. Eu queria mesmo era ter uma mãe como a sua.

# RELACIONAMENTO
## COM OS
# PAIS

**A conversa das duas meninas pede reflexões por parte dos pais e dos filhos em relação às suas atitudes. Qual a sua posição em relação a essa conversa?**

SINTONIA FINA

# RELACIONAMENTO
## COM OS
# PAIS

A proposta deste livro, desde o início da coleção (que começou com livros voltados para crianças), é discutir limites. **Afinal, a gente pode ou não pode?**

**Por que alguns pais deixam seus filhos irem pra "balada" e outros não? Por que alguns pais deixam seus filhos chegarem tarde e outros não?** Esse conflito entre poder e não poder existirá sempre, porque faz parte da educação de cada um e vai variar de família para família.

Alguns jovens falaram uma coisa interessantíssima: que se eles querem ter mais **liberdade,** precisam conquistar e lutar por ela.

# Diferença
## entre jovens

Enquanto jovens de 16 anos já podem sair à noite, outros com 19 ainda não podem. Alguns com 15 já tiveram relações sexuais em casa com permissão dos pais, outros com 18 não podem nem pensar em falar com os pais sobre esse assunto.

Uns podem ir pra "baladas", namorar e chegar tarde com 17 anos. Outros com 19 levam broncas absurdas se os pais descobrem que eles frequentam esses lugares às escondidas.

Uns podem sair e são amigos dos pais. Recebem orientação e conversam sobre tudo, ou quase tudo. Neste caso, os pais sabem aonde os filhos estão indo, porque confiam na educação que deram a eles. Preocupam-se, mas não proíbem.

Uns podem sair e os pais não estão nem aí pra eles. Não perguntam nada e nem querem saber de nada. Os filhos podem voltar a hora que quiserem, do jeito que acharem melhor. Os pais parecem não se preocupar.

Uns não podem sair, não podem fazer praticamente nada. Os pais proíbem quase tudo e parecem não

# RELACIONAMENTO
## COM OS
# PAIS

confiar nos filhos. Segundo os jovens, esses pais devem pensar que, se permitirem muitas coisas, os filhos farão besteiras.

Muitas vezes, fatores de proibição em uma família têm a ver com uma religião e seus dogmas, que proíbem determinadas questões.

Alguns jovens acham isso besteira, porque, como já abordado anteriormente, eles acreditam ser possível seguir uma religião e curtir, ser jovem, sair, namorar, transar, desde que com responsabilidades.

Os jovens acham que seus pais se preocupam demais com as aparências, com o que os outros vão dizer se souberem de alguma coisa. Eles acham isso uma hipocrisia e, por isso, pedem que seus pais pensem mais no bem-estar dos filhos do que no que os outros vão dizer.

Jovens costumam ser radicais em algumas questões. De vez em quando, costumam tomar atitudes extremadas. Alguns mudam de opinião várias vezes e dizem que seus pais não compreendem isso, pois querem que eles tenham certeza quando não é possível.

Para os adolescentes, os pais se esquecem de que um dia já tiveram a idade deles. Alguns chegam a dizer que, quando forem pais, deixarão seus filhos fazerem tudo o que quiserem. Outros acham isso bobagem, principalmente aqueles que já são pais, tendo que, muito cedo, se virar para educar alguém.

# Para os adolescentes:

**Pais permissivos** demais geram filhos inconsequentes ou medrosos. A permissividade excessiva pode abrir uma lacuna na comunicação entre filhos e pais e pode soar como descaso, abandono, resultando no medo de não ser amado.

**Pais autoritários** demais geram filhos mentirosos ou medrosos. O autoritarismo excessivo também causa o distanciamento na relação entre filhos e pais e cria um abismo na comunicação, já que não há espaço para os filhos exporem suas ideias e opiniões, muito menos de serem diferentes do que os pais esperam deles. Os filhos muitas vezes se sentem oprimidos e distantes de seus pais, temendo-os, mas não necessariamente os respeitando.

**Pais que buscam um equilíbrio,** que conversam e tentam entender seus filhos, geram jovens com capacidade de discernimento. Para os adolescentes, este seria o melhor caminho: conversar e respeitar opiniões. Eles querem ter suas ideias, querem ser escutados e valorizados em seus potenciais.

# RELACIONAMENTO
## COM OS
# PAIS

## Jovens querem ter seu próprio espaço e querem ser respeitados.

Filhos dizem que têm de ter muita **paciência com a falação dos pais.**
Mas esse é um ponto de conflito para eles.

Se os pais falam demais, eles reclamam que os pais falam muito. Se não falam, reclamam que os pais não falam. É sempre muito complicada essa relação. Mas, no fundo, complicada ou não, os adolescentes querem mesmo uma coisa: se sentir amados e protegidos, mesmo que reclamem ou não se deem conta disso.

Filhos dizem que é importante ouvir os pais, sim, mas não necessariamente seguir o que eles dizem. Acham que devem ouvir, respeitar, mas ter direito a ter a própria opinião, assim como seus pais quiseram ter a deles um dia, quando jovens.

**A mãe** ainda tem um papel importantíssimo para muitos filhos, principalmente nas classes sociais mais baixas, em que muitas vezes a figura do pai é inexistente.

Muitos pais (pai mesmo, e não genericamente) já entendem a importância de serem ativos na educação de seus filhos. E hoje em dia muitos jovens já contam com a colaboração tanto da mãe quanto do pai. As novas constelações familiares impulsionaram essas transformações de atitudes dos pais. Os filhos agradecem!

Discutindo
responsabilidades:
## dos filhos
e **dos pais**
*Opinião dos **filhos***

# RELACIONAMENTO
## COM OS
# PAIS

### Responsabilidades dos filhos:

Estudar, cuidar de suas coisas, de seus pertences, do material escolar, arrumar o quarto (caso tenham), administrar seu tempo, horário, compromissos pessoais e escolares.

Muitos jovens precisam fazer comida, ajudar nas tarefas domésticas, trabalhar para ajudar no sustento da casa, cuidar dos irmãos menores e da casa enquanto os pais trabalham.

Alguns trabalham só para ter seu próprio dinheiro, poder gastar com o que desejam e ter alguma independência. Outros não podem trabalhar porque seus pais proíbem. Uma parcela precisa trabalhar para poder custear seus estudos.

Muitos disseram que sabem que têm de ajudar a fazer alguma coisa em casa, mas acham chato ter de fazer as coisas no tempo dos pais e não no tempo da vontade e da necessidade deles.

Alguns jovens querem ter liberdade, mas não querem assumir responsabilidades. Há aqueles que não aceitam opinião diferente das deles, mas querem ser aceitos em suas diferenças.

Uns acham que os pais têm de fazer tudo o que eles querem. Outros acreditam que, para ter responsabilidade, tem que existir liberdade.

# RELACIONAMENTO
## COM OS
# PAIS

## Responsabilidades dos pais:

Educar, alimentar, dar bens materiais, amor, carinho, proteção, dar limites, orientar. Entender seus filhos tal qual eles são. Cuidar com amor e carinho. Fazer os filhos estudar, porque acreditam que só com estudo podem progredir na vida, mesmo muitos achando uma chatice ter de estudar. Respeitar a privacidade dos filhos, não mexendo em suas coisas, nem invadindo seu espaço.

Uns acham que os pais devem deixar os filhos fazer tudo o que querem. Outros dizem que isso é besteira e que ninguém pode fazer tudo o que quer, porque a vida é cheia de pode e não pode.

Uns acham que os pais devem dar limites, sim, mas devem aprender a conhecer seus filhos e respeitar a diferença de cada um. Dizem que cada filho tem uma personalidade e não quer ser tratado como se fosse igual ao outro. Filhos odeiam ser comparados com irmãos, amigos e vizinhos.

# RELACIONAMENTO
## COM OS
# PAIS

Filhos sentem vergonha, medo, angústia, alegria. São seres humanos, com defeitos e qualidades. Querem ser vistos assim.

# E você?

Como quer ser visto por seus pais? Como vê seus pais? Como você age em casa? Ajuda? Atrapalha? Estuda? Não estuda? É responsável? Quer ser respeitado? Respeita seus pais? Como é a sua relação com seus pais e como você se vê neste exato momento? **Pare, pense, reflita!**

Que tal, para terminar o ciclo de leituras e reflexões, você escrever uma carta para os seus pais contando *tudo aquilo que você sempre quis dizer, mas nunca teve coragem?*

Escreva em um papel bem bacana e dê de presente para seus pais, ou quem sabe você escreve uma carta para sua mãe e outra para seu pai? **Boa sorte e boa escrita!**

ANNA CLAUDIA RAMOS

AFINAL,

# O QUE FAZER?

OS ADULTOS

**DCL**

**DIFUSÃO
CULTURAL
DO LIVRO**

# AFINAL,

# O QUE FAZER?

Esta é uma pergunta que todos os pais de certa maneira fazem a si mesmos na hora de educar os filhos.

Os filhos cresceram e as demandas são outras. Começam a questionar, pedir, discordar, enfrentar. Muitos pais chegam a dizer: "Mas ele era tão calminho... agora me enfrenta o tempo todo!". Aquela dócil criança que dizia: "Mamãe, eu te amo! Papai, eu te amo!", agora é capaz de dizer: "Eu te odeio, vocês são os pais mais chatos do mundo! Os pais dos meus amigos deixam eles fazer o que querem, só vocês não me deixam fazer nada!".

É nesta hora que os pais começam a pensar: "E agora, o que faço?". Deixo ou não meu filho sair? Deixo ou não ele voltar tarde? Qual a idade ideal para deixá-lo sair e namorar? Deixo ou não namorar em casa? Deixo ou não ter uma vida sexual ativa? Converso ou não sobre sexo? Deixo ou não a namorada do meu filho dormir com ele aqui em casa? E se eu deixar a namorada do meu filho dormir e minha filha pedir pro namorado

dela dormir aqui? O que eu faço? Deixo ou não? Como orientar meus filhos sobre sexo, drogas, bebidas, violência? Como orientar meus filhos sobre ter responsabilidades? Como explicar por que têm tanta violência no mundo? Como explicar por que alguns tem tanto e outros tão pouco? Devo ou não dar uma orientação religiosa para meus filhos? Será que devo deixá-los crescer para escolher que religião querem seguir? Como explicar que minha religião não aceita determinadas questões principalmente quando outras aceitam? Como explicar que alguns pais deixam os filhos fazer coisas que outros não deixam? Como explicar que há pais que deixam os filhos viajar com os amigos e outros não? O que fazer se meu filho contar que bebeu? O que fazer se descobrir que meu filho se drogou? O que fazer se meus filhos contarem que perderam a virgindade? O que fazer se um dos meus filhos contar que é homossexual? O que fazer se eu deixar de amar a mãe ou o pai deles? Separo ou não separo? E se eu me apaixonar por alguém do mesmo sexo? O que eu devo fazer?

Foi pensando nessas perguntas e em tantas outras que nasceu a ideia de escrever este livro com dois lados: o de vocês, adultos, e o dos jovens. O que será que jovens e adultos pensam sobre temas como drogas, sexo, violência, relacionamento entre pais e filhos e responsabilidades? Isso você vai ficar sabendo nas páginas deste livro, que reúne o resultado de um ano e meio de pesquisa e entrevistas com jovens e adultos de diferentes lugares do Brasil. Por meio de entrevistas realizadas no meu *site* na internet, que permitiu que pessoas de norte a sul do país pudessem expor suas opiniões, e pelas entrevistas presenciais realizadas em diversos locais do estado do Rio de Janeiro, consegui reunir opiniões de pessoas com pensamentos, ideias, religiões, orientação

sexual e classes sociais totalmente diferentes. Essa grande diversidade resultou em um material bem democrático.

A reunião de ideias tão distintas neste livro permite a descoberta de diferentes olhares sobre os temas abordados.

O livro tem dois lados de propósito, para que vocês, pais, possam ler o que outros pais pensam, mas também para descobrirem o que os filhos pensam. Filhos muitas vezes bem diferentes dos seus. Vale a pena conferir os dois lados para sacudir as ideias e repensar valores. Garanto que vocês vão se surpreender!

Mas antes de você começar a ler preciso dar dois avisos:

1. Não quero provar absolutamente nada com este livro, pois não criei as pesquisas para chegar a nenhuma estatística. Não se trata de uma pesquisa científica.

2. Você não vai encontrar uma única resposta para todas as perguntas formuladas, e sim a diversidade de olhares dos jovens e dos pais que as responderam.

Não há juízo de valor neste livro. Não trago respostas para qual pai ou qual filho tem razão. Isso vocês terão de descobrir e construir juntos na própria família, porque este livro é para fazer pensar. Para fazer os jovens e os pais olharem para si mesmos e se perguntarem: E aí? O que fazer? Pode ou não pode? Está certo ou não? Será que meus filhos são tão chatos assim?

A proposta deste livro é incentivar o diálogo entre jovens e adultos, mas um diálogo verdadeiro, sem rodeios ou falsidades, sem hipocrisia ou falsos moralismos. Um diálogo pautado na amizade, na sinceridade, para que a lacuna existente entre jovens e adultos possa ficar menor, e para que todos (cada um à sua maneira) possam reavaliar suas atitudes.

Tem um dito popular que fala assim:
# "TODOS OS FILHOS SÃO IGUAIS, SÓ MUDAM DE ENDEREÇO."

# E VOCÊ?

Pai, mãe, avô, avó, ou **quem educa o jovem,**

como você se vê neste exato momento?

## Que tipo de EDUCADOR **você é?**

POR QUE **SIM**

POR QUE **NÃO**

POR QUE **PODE**

POR QUE **NÃO PODE**

Às vezes as coisas se complicam, os assuntos se tornam mais delicados e esbarram nos **valores** de cada um.

Por que os pais ficam em dúvida sobre **determinados assuntos**?

Por que uns pensam de uma maneira enquanto outros pensam de outra?

Qual a **melhor resposta**?

Devo deixar meu filho sair?

Será que ainda é cedo para deixá-lo sair à noite?

# Por que sempre digo SIM ou por que sempre digo NÃO?

## Será que existem outras RESPOSTAS POSSÍVEIS?

É claro que existem famílias diferentes,

# com valores diferentes.

# COMO É A SUA FAMÍLIA?

O que será que acontece quando
**há falta de**
# comunicação
entre pais e filhos,
entre adultos e jovens?

E quando há
**comunicação,**
como ela é?

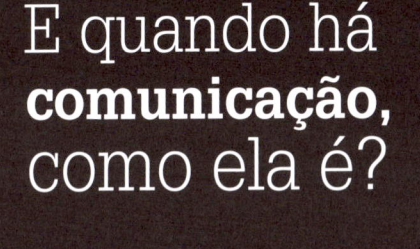

Autoritária?

Democrática?

Sincera – verdadeira?

Amorosa?

Paciente?

Compreensiva?

Mentirosa – falsa?

Complicada?

Fácil?

# Você procura o DIÁLOGO na sua casa?

Você procura seus filhos para **conversar** sobre qualquer assunto?

# AFINAL, O QUE FAZER?

# VAMOS LÁ!

Vamos descobrir o que os **adultos\*** andam

## PENSANDO, FALANDO, FAZENDO...

 Quando estiver me referindo aos adultos ou aos pais, entenda-se quem cria, cuida e educa o jovem. Quando for algo específico (pai ou mãe), estará explicitado.

**Lembra daquela primeira afirmação:**

# "DIZEM QUE TODOS OS FILHOS SÃO IGUAIS, SÓ MUDAM DE ENDEREÇO"?

Lendo as entrevistas ficou muito claro por que esta frase acabou virando um dito popular. A questão é que, de modo geral, seja rico ou seja pobre, more no Sul, Sudeste, Norte, Nordeste, Centro-oeste, quem quer que seja, **OS FILHOS**:

- ❖ Querem ter privacidade.
- ❖ Querem ter suas próprias ideias.
- ❖ Muitas vezes acham seus pais "caretas".
- ❖ Sempre dizem que os pais dos outros deixam fazer coisas que os deles não deixam.
- ❖ Querem fazer coisas que seus pais ainda não deixam fazer.
- ❖ São questionadores.
- ❖ Têm medo que seus pais descubram seus segredos íntimos.
- ❖ Não gostam quando os pais escutam suas conversas com os amigos.
- ❖ Muitos sentem vergonha quando os pais ficam lhes dando beijinhos na frente dos amigos.
- ❖ Inventam desculpas esfarrapadas quando fazem algo que não era para ter feito.
- ❖ Querem que as coisas se resolvam na hora que desejam.
- ❖ Batem portas quando discutem com os pais.
- ❖ Sentem medo de falar a verdade e não ser compreendidos.
- ❖ Já inventaram alguma mentira que os pais acabaram descobrindo.
- ❖ Preocupam-se com sua autoimagem.

# ACONTECE QUE EXISTEM PAIS MUITO DIFERENTES.

Alguns podem até ter semelhanças, mas cada mãe, pai ou adulto que cria um jovem tem sempre algo de

## singular e especial.

E apesar de à primeira vista parecer que os adultos não têm semelhança alguma, encontrei algo em comum entre eles:

# TODOS

(de uma maneira ou de outra)

## amam seus

## FILHOS

# Os tipos de PAIS

Têm pais que têm **tudo.**

Têm pais que não têm nada.

Têm pais que têm algumas coisas.

# MAS

o que é ter **tudo**?

Bens materiais? Afeto? As duas coisas?

o que é mais

**importante** na vida?

Têm pais que acham que **os filhos têm tudo em casa**, no que diz respeito a bens materiais, e por isso nada lhes falta.

Muitos acreditam que cuidar é prover a casa e a educação dos filhos, **mas não conversam e nem se preocupam em estar por perto**.

Outros acreditam que **o amor é a base de tudo** e, tendo ou não condições de oferecer aos filhos bens materiais, estão sempre por perto, amando-os e protegendo-os.

Uns podem dar de tudo, no que diz respeito a bens materiais, **e também** amor, carinho e proteção.

Outros não podem dar nada ou quase nada, no que diz respeito a bens materiais, **nem amor,** carinho e proteção.

**Enfim, em qualquer classe social** existirão diferenças de pais e filhos em relação a amarem e serem amados.

Muitos pais adorariam conversar com seus filhos, **mas os filhos não querem**.

Muitos pais até querem poder oferecer melhores oportunidades, mas não têm condições financeiras **ou mesmo emocionais**.

E muitos pais têm medo de errar na educação dos filhos. **Pais também sentem medo**.

# EXISTEM PAIS

- ❖ Permissivos.
- ❖ Autoritários.
- ❖ Omissos.
- ❖ Superpresentes.
- ❖ Superausentes.
- ❖ Amigos.
- ❖ Que conversam com os filhos e buscam um caminho de compreensão.
- ❖ Que aceitam os filhos como eles são individualmente.
- ❖ Que não aceitam que os filhos façam nada diferente do que eles querem ou pensam.
- ❖ Que batem.
- ❖ Que conversam.
- ❖ Que põem de castigo.
- ❖ Que têm paciência.
- ❖ Sem paciência.
- ❖ Incompreendidos.
- ❖ Agressivos.
- ❖ Amorosos.

# MAS
## TAMBÉM
## TÊM PAIS QUE:

- Perderam seus filhos por algum motivo.
- São casados.
- São separados.
- Não se falam mais (pai e mãe).
- São mães solteiras.
- São pais solteiros (o pai cria o filho sem a ajuda da mãe).
- Depois que o casal se separou, o pai resolveu lutar pela posse e guarda dos filhos.
- Depois que o casal se separou, o pai sumiu.
- São amigos.
- Brigam.
- Adotaram seus filhos.
- Abandonaram seus filhos.
- São homossexuais.
- São heterossexuais.
- Não tiveram nenhuma oportunidade na vida.
- Ficam praticamente invisíveis na sociedade, pois nunca tiveram (e talvez nunca venham a ter) acesso aos estudos e aos livros.

# OS PAIS E AS DROGAS

A grande maioria dos pais disse sentir medo que seus filhos **se envolvam** com drogas, traficantes e coisas ilícitas.

**Conhecem vários tipos de drogas, das lícitas às ilícitas**. Alguns disseram ter experimentado algum tipo de droga na adolescência. Outros usam até hoje. Mas não incluem nesse quesito as bebidas alcoólicas, que muitos consomem socialmente sem ser taxados de alcoólatras ou dependentes. Nesse consumo se referem de modo geral ao uso da maconha.

**Alguns pais condenam totalmente o uso de drogas**, principalmente pelos adultos. Já outros aceitam se o uso for para fins terapêuticos ou de autoconhecimento.

Uns debatem o tema; **outros não querem nem ouvir falar**.

Alguns pais fingem não saber que seus filhos bebem ou usam drogas ilícitas.

Outros não sabem mesmo e nem desconfiam.

Alguns dizem que saberiam identificar se os filhos usassem ou começassem a usar com frequência.

Muitos pais fizeram uma distinção entre beber socialmente (depois de certa idade), experimentar maconha e fumar, ocasionalmente, e beber e se drogar diariamente.

Disseram que uma coisa é tomar um porre juvenil, o que muitos fizeram na juventude, outra é o jovem beber todos os dias e se tornar um dependente da bebida para qualquer coisa que precise fazer, **para tomar qualquer atitude diante da vida**.

# Conselhos de alguns pais:

❖ Alguns pais aconselham que todos os responsáveis devem conversar com seus filhos para orientá-los sobre bebidas, porque acham que não adianta proibir o jovem de beber (já que a bebida é liberada). Acham que, se o jovem quiser beber, ele vai beber, seja lá onde for. E, sendo assim, é melhor saber, conversar e orientar sobre possíveis perigos.

❖ Se o filho contar que bebeu, é melhor sentar junto e orientar do que recriminar e proibir sem conversar. Isso geraria mentiras futuras, pois o filho pode começar a fazer tudo escondido. Se ele confiou nos pais para contar, é porque quer saber a opinião deles.

❖ Melhor beber em casa do que na rua. Em casa os pais podem ver o que está sendo consumido e com quem. Assim, podem orientar todos os jovens, seus filhos e amigos, para beberem com responsabilidade.

Mas enquanto alguns pais dão esses conselhos, outros não querem nem falar sobre o assunto. **Beber é proibido e pronto!** Não permitem que seus filhos tragam amigos para beber em casa, mas sabem que isso não vai impedir que seus filhos bebam na rua.

Enquanto alguns pais sabem como abordar o assunto com seus filhos, outros nem imaginam o que é preciso fazer. Mas há ainda um pequeno grupo que tem medo da reação dos filhos.

**OS PAIS** E AS **DROGAS**

{ PONTO PARA **REFLEXÃO:**

Alguns pais acham que, proibindo, os filhos **NÃO VÃO** beber e nem se drogar. **MAS MUITOS SE PERGUNTAM:**

SERÁ?

# Afinal, o que fazer quando o assunto é **droga**?

Quando o assunto se refere às **drogas ilícitas**, a coisa se complica, pois, de modo geral, os pais não querem ver seus filhos envolvidos com drogas, muitos menos as pesadas.

**Em relação à maconha, o assunto se divide,** como se maconha não entrasse no pacote de drogas pesadas. Isso porque muitos disseram conhecer pessoas que consomem maconha socialmente ou nos fins de semana, assim como bebem socialmente, e não são dependentes químicos.

A **grande preocupação dos pais** é que seus filhos se envolvam com drogas, traficantes ou se tornem dependentes químicos.

# POR
## os jovens

**Fuga da realidade.**

Influência dos amigos

Baixa autoestima.

**Insegurança.**

Curiosidade.

Para ser aceito no grupo.

**Querer ser do contra.**

Depressão.

Falta de um diálogo sincero e verdadeiro entre pais e filhos.

Questão cármica.

Medo de crescer e enfrentar problemas maiores.

**Abandono.**

# QUE
# ısam drogas?

Afrontar os pais.

Insatisfação pessoal.

Para chocar a família.

**Não conseguem entender, mas acham que é falta de Deus, de fé.**

**Algum tipo de carência.**

Excesso de permissividade.

Para se autoafirmar.

**Problemas afetivos.**

**Querer ser diferentes dos pais.**

ʻendência genética.

Fuga de algo que não dão conta em seu íntimo, independentemente de serem amados ou não.

# OS PAIS E AS
# DROGAS

De modo geral, os pais acham que existem **diferentes níveis de envolvimento com drogas**, e que cada história é única e deve ser analisada em suas particularidades.

**"Não há como generalizar os casos de envolvimentos com drogas."** Quem disse isso foram os pais que têm mais de um filho e viram um de seus filhos se envolver com drogas e outros não. Acham complicado culpar apenas os responsáveis pelo jovem, uma vez que em uma família com 2, 3, 4 ou 5 filhos, apenas 1 se envolveu com drogas. Mesmo com todo apoio e ajuda da família, esse jovem não conseguiu se livrar do vício.

Pais que passaram por essa experiência acham que isso tem a ver com o íntimo de cada um, como se fosse uma prova que todos daquela família precisaram enfrentar. Dizem que ter um viciado no núcleo familiar mexe com toda a estrutura da família e que não é nada fácil lidar com a situação. Os filhos não viciados muitas vezes se sentem enciumados em relação à atenção dada ao irmão viciado.

Alguns adultos acham que **existem pais que preferem fingir não saber que seus filhos bebem ou se drogam**. Os motivos são variados: não sabem abordar o assunto, se fazem de ingênuos, são ingênuos mesmo e acham que seus filhos são uns santos ou têm medo de saber a verdade.

## Palavras de alguns pais de filhos envolvidos com drogas:

Não critiquem os responsáveis, nem façam comentários maldosos, pois ter um filho envolvido com drogas pode acontecer nas melhores famílias. Antes, conheça a história, seja solidário e, sobretudo, tenha amor, pois sem amor nada se resolve.

Alguns se preocupam com **as aparências**, com o que o restante da família e os vizinhos vão falar se souberem que seu filho se droga ou é dependente químico. Esses pais preferem abafar o caso, mentir, esconder e viver uma vida de fachada.

**Pais que conseguiram enfrentar o fato de ter um filho drogado**, sem esconder a verdade dos outros, dizem que a melhor coisa foi não terem sentido vergonha de nada, muito menos de seu filho. Encararam como uma doença e contando a verdade ganharam apoio dos amigos verdadeiros.

Esses pais acreditam que isso pode acontecer com qualquer família e que enfrentar o problema de cabeça erguida, com fé, força, união familiar e muito amor é a melhor solução a ser tomada. Mas disseram que o primeiro passo a ser dado nessa hora tem de ser dado pela pessoa envolvida com as drogas. Ela tem de assumir que está doente e tem de querer parar, pois não adianta só os pais, os amigos desejarem cuidar, é preciso que o jovem queira se curar de verdade, com todas as suas forças.

# Os pais, a escola e as drogas

Muitos pais acham que a escola deveria fazer um trabalho de prevenção contra drogas, sugerindo pesquisas sobre os danos causados pelas drogas aos seus usuários. Acreditam que dessa forma a abordagem poderia ser feita sem constrangimentos aos jovens usuários, uma vez que seria feita de forma educativa e generalizada.

Alguns chamaram a atenção para que essa abordagem seja séria, afetiva e desprovida de preconceitos contra qualquer coisa. Que seja humana e respeite cada um, no intuito de ajudar e não de recriminar.

Muitos acham difícil desenvolver esse tipo de trabalho na escola de forma mais abrangente, porque cada família tem uma posição em relação ao assunto e nem todas estão disponíveis a debater o assunto com clareza e sem falsos moralismos. Mas acham válido ser feito um trabalho de prevenção, mesmo sabendo que, em algumas escolas, isso seria complicado devido à ação de traficantes na região.

Outros são **totalmente contra**, acham que drogas e sexo é assunto para ser discutido na família, nunca na escola, onde existem pessoas totalmente diferentes, com valores morais diferentes.

# E VOCÊ?

O que você pensa e como se posicionaria a respeito do tema

## DROGAS

em relação a você mesmo e em relação aos seus filhos?

# Os pais e o
# SE.

# Sexo ainda é o grande assunto tabu!

Os pais e o

# SEXO

Q uando o assunto é sexo as opiniões são variadas demais. Esbarram nos valores, crenças, traumas, vivências, medos e desejos de cada um.
Dos próprios pais e dos filhos.
Muitos pais ficam em dúvida sobre o que fazer quando descobrem que seus filhos não são mais virgens.
Nessa hora as reações são as mais variadas possíveis.

## Sobre conversar sobre sexo, existem:

❖ Pais que querem conversar com seus filhos, **mas eles não querem papo**.
❖ Filhos que querem conversar com seus pais, **mas eles não dão espaço**.
❖ Pais e filhos que **conversam abertamente**.
❖ Pais e filhos que não querem papo e por isso **não tocam no assunto**.

## Os pais e os tipos de conversa sobre sexo

Há os que conversam:
❖ Sabendo **ouvir e respeitar**.
❖ Aceitando **opiniões diferentes** da sua.
❖ **Não aceitando** opiniões diferentes da sua.
❖ Querendo falar, mas **não sabendo ouvir o que o filho tem a dizer**.
❖ E **têm mais dúvida sobre sexo** do que o próprio filho.
❖ **Ajudando** o filho.
❖ **Atrapalhando** o filho.
❖ De forma **repressora**.
❖ De forma **amorosa**.

34

Os pais e o
# SEXO

## Qual a melhor idade para
## começar a falar sobre
## sexo?

## Qual a melhor idade para
## um jovem iniciar sua vida sexual?

Vários pais acham que devem esperar seus filhos crescerem, terem 16, 17 anos para começar a falar sobre sexo. Alguns acham tarde, acham que se deve falar desde a pré--adolescência, mesmo que os filhos digam que não querem falar sobre o assunto. Esses pais acreditam que devem orientar os filhos para que não engravidem, não contraiam DSTs e, principalmente, para que aprendam a preservar o próprio corpo, respeitando seus limites.

**Para a maioria dos pais**, não há uma idade certa para que um jovem inicie sua vida sexual, porque isso vai variar de jovem para jovem, de maturidade para maturidade.

Os pais e o

# SEXO

## "Não existe uma idade ideal e sim uma **maturidade** do corpo."

Ouvi essa frase inúmeras vezes. Mas os pais aconselham que isso não seja antes dos 16, 17 anos, pois acreditam que antes disso seja cedo demais. Com exceção de alguns pais (pai mesmo e não no genérico, pai e mãe) que acham que seus filhos homens devem iniciar a vida sexual cedo. Quando o filho quer esperar para transar com uma namorada de que goste, este pai acha isso uma bobagem e começa a questionar a masculinidade do filho, sem respeitar seus sentimentos.

**Alguns pais deram uma dica:**
É bom ir falando aos poucos com os filhos.

Começa-se falando sobre beijo na boca no início da pré-adolescência, sobre o ficar (tão em alta nos tempos atuais), namorar. E, à medida que os filhos forem crescendo ano a ano, os assuntos começam a se aprofundar até chegar ao sexo.

Os pais e o
# SEXO

A grande maioria disse que é importante saber o que os filhos pensam sobre sexo e que é importante conversar sobre as primeiras experiências sexuais deles. Alguns se sentem à vontade para falar sobre o assunto, mas nem todos sabem como abordar o tema. Alguns têm vergonha. Outros, dúvida.

Para muitos pais a melhor maneira de saber a hora certa para qualquer tipo de conversa é "estar ligado" nos filhos, prestando atenção em seus gestos, atitudes, ações, amigos. Enfim, prestando atenção nos filhos de modo geral.

Uma boa estratégia é ir sondando aos poucos, puxando assunto, contando fatos, acontecimentos com terceiros, mas, sobretudo, estando presente e observando o crescimento dos filhos diariamente.

No tempo em que eu dava aulas de literatura infantil e juvenil para jovens do Ensino Fundamental na biblioteca de uma escola, passei por uma experiência que marcou minha vida para sempre.

Um grupo de alunos da 7ª e 8ª séries (atuais 8º e 9º anos) me procurou para pedir que eu organizasse uma série de debates sobre temas polêmicos, os quais entendiam ser: sexo, drogas e questões ligadas a esses temas.

Os pais e o
# SEXO

Acontece que eu só tinha uma aula semanal com estas turmas, então perguntei: "Mas por que eu? Por que vocês não pedem para os professores que têm mais de um tempo de aula por semana com vocês? Quem sabe aqueles que têm cinco tempos semanais?".

Foi aí que ouvi a frase que marcou minha vida para sempre:

> **"Porque você é a única professora que conversa com a gente sobre a vida sem ficar de nhe-nhe--nhem! A gente tá cansado de saber como se usa camisinha, essas coisas todas, mas ninguém fala com a gente sobre a vida, sobre os sentimentos."**

De fato, uma coisa ficou muito clara ao ler todas as entrevistas e conversar com pais e jovens sobre sexo. Fala-se muito sobre sexo, orienta-se o jovem quanto a métodos contraceptivos, DSTs, gravidez precoce, mas fala-se muito pouco sobre a vida, sobre as dores e as alegrias de amar e ser amado, de amar e não ser amado, de "tomar um fora", de ser trocado por outro, de fins de relacionamento etc.

Os pais e o
# SEXO

## Mas quando o assunto é **camisinha:**

▲ Têm pais que usam.

▲ Têm pais que não usam.

▲ Têm pais que compram para seus filhos.

▲ Têm pais que não compram para seus filhos.

A maioria dos pais casados disse não usar camisinha por ter apenas um parceiro, mesmo sabendo que com isso podem correr riscos, principalmente se o parceiro for infiel.

Algumas mulheres disseram ter vergonha de pedir aos maridos que usem camisinha por medo da reação, por medo de os maridos pensarem que elas estão tendo relações extraconjugais.

Para alguns pais é mais fácil comprar camisinha para os filhos do que para as filhas. Alguns disseram que não deveria haver essa distinção, pois ambos precisam se preservar.

Um grupo de pais também disse que a sociedade é muito machista e ainda vê as jovens que andam com camisinha na bolsa como "meninas fáceis", em vez de enxergá-las como meninas prevenidas.

Os pais e o
# SEXO

## Sexo antes ou depois do
## casamento:

Alguns pais não aceitam de jeito nenhum que seus filhos pensem em fazer sexo antes do casamento. Acham amoral quem faz e não discutem o assunto em casa. Sexo antes do casamento é proibido e ponto-final.

Alguns pais acham essa discussão totalmente ultrapassada. Sexo tem que ser feito com maturidade e segurança e, para isso, nada melhor do que ter a confiança e o respeito dos pais. Disseram que já foram jovens e sabem bem como é ter de fazer as coisas escondidos: "É muita hipocrisia não querer falar sobre o assunto".

A grande maioria não quer que seus filhos façam sexo (independentemente de ser antes ou depois do casamento) com qualquer pessoa, com qualquer namoradinho ou "ficante", como se referiram alguns.

Enfim, mais uma vez esbarramos nos valores, crenças, desejos, traumas, sonhos e fantasias de cada um. Afinal, quando o assunto é sexo, as pessoas falam, falam, falam, mas sempre escondem alguns segredos e fantasias. Isso ficou muito claro nas entrevistas.

# SEXO

# Pais jovens

Jovens que se tornaram pais ainda na adolescência falaram uma coisa muito interessante, que trago para reflexão de todos. Segundo eles, **essa proibição em relação ao sexo gera mentiras e problemas**.

Disseram que os jovens que são proibidos até de pensar no assunto acabam vendo seus amigos fazendo e falando que é bom, o que os deixam com vontade de fazer, mas na maioria das vezes eles iniciam a vida sexual sem preparo nenhum e as meninas acabam engravidando.

Eles aconselham aos pais que conversem e orientem seus filhos, porque proibir não adianta nada. Eles são exemplos vivos disso: foram pais jovens e hoje com 25 anos chegam a ter filhos de 9, 10 anos.

Alguns disseram que muitas vezes as pessoas, quando crescem e se tornam adultas, se esquecem de que já foram jovens e tiveram desejos e sonhos.

**"Pais, antes de qualquer coisa, são pessoas e deveriam ver seus filhos como pessoas, com sentimentos."**

Frase boa para se pensar.

Os pais e o

# SEXO

## Algumas questões **delicadas**

Alguns pais não proíbem o sexo antes do casamento, mas preferem que seus filhos só façam sexo casados ou quando tiverem certeza absoluta que é aquilo que eles desejam fazer.

Neste ponto, um grupo de pais reagiu: "Será que dá pra ter certeza absoluta de alguma coisa na juventude, se muitas vezes nem nós temos? Como podemos querer que um adolescente tenha certeza absoluta? Complicado demais isso".

Alguns pais acham que meninas que fazem sexo antes do casamento são vagabundas e oferecidas, mas possuem uma postura diferente em relação aos meninos. Acham que eles podem e devem fazer sexo antes do casamento.

Neste ponto alguns pais questionaram essa postura: "Mas fazer com quem? Já que as meninas não podem fazer. Com prostitutas? Com garotas de programa? Devemos pensar bem que tipo de educação e orientação queremos dar aos nossos filhos!".

Os pais e o
# SEXO

## Pode ou não pode
## **fazer sexo em casa?**

Quando se trata de poder ou não fazer sexo em casa, o
assunto se complica um pouco. Mas, independentemente de
deixar ou não fazer sexo em casa, vários pais disseram que
no fundo o difícil mesmo é aceitar que seus filhos cresceram e
não são mais crianças.

**Alguns pais:**
- ❖ Aceitam se for com parceiro fixo.
- ❖ Aceitam para os meninos.
- ❖ Aceitam para meninos e meninas.
- ❖ Não aceitam de jeito nenhum: nem para meninos,
  nem para meninas.
- ❖ Aceitam se não estiverem em casa na hora.
- ❖ Preferem que seja em casa (lugar seguro) do que na rua.
- ❖ Não quiseram falar sobre o assunto.
- ❖ Ficam em dúvida se devem ou não deixar.
- ❖ Deixam, mas não querem que sua casa
  vire "motel de alta rotatividade".

**No grupo de pais que deixa, alguns preferem em casa:**
- ❖ Para poder controlar com quem o filho está se
  relacionando.
- ❖ Para que seus filhos tenham segurança.
- ❖ Porque não veem problema algum.

Os pais e o

# SEXO

## Pais debatem
## orientações sexuais

Sexo já é um tema considerado polêmico e ainda é um tabu, mas quando o assunto gira em torno da homossexualidade a coisa complica ainda mais. Alguns pais debatem o assunto, enquanto outros não querem nem ouvir falar.

Em relação a ter filhos homossexuais, alguns pais:

- ❖ Acharam difícil aceitar tão logo souberam, mas acabaram aceitando porque filho é filho e precisa ser amado.
- ❖ Temem que os filhos sofram em relação à discriminação e preconceitos, mas aceitam sem problemas.
- ❖ Acham uma pouca vergonha e não aceitam em hipótese alguma, chegando muitas vezes a expulsar os filhos de casa.
- ❖ Têm orgulho dos filhos terem tido coragem de se assumir e contar a verdade.
- ❖ Têm vergonha do que os parentes, amigos, vizinhos ou colegas de trabalho podem pensar.
- ❖ Perguntam-se onde foi que erraram na educação dos filhos.
- ❖ Preferem fingir que não sabem, mesmo sabendo em seu íntimo, e nunca conversarão com os filhos sobre o assunto.
- ❖ Preferem saber, conversar, apoiar, porque detestam mentiras e acham que amar e viver uma relação amorosa é complicado para todo mundo, para heteros e homossexuais.

Os pais e o

# SEXO

Enquanto alguns pais se perguntam onde foi que erraram quando descobrem ter um filho gay, outros acham que não se escolhe ser homossexual, porque ninguém escolheria o caminho mais difícil. Para eles, seus filhos já nasceram assim.

Vários pais falaram que homossexualidade não é sinônimo de promiscuidade e aconselham aos pais que veem homossexualidade como uma sem-vergonhice ou sentem vergonha de ter um filho gay que leiam sobre o assunto, estudem, se informem e olhem para si mesmos e se perguntem por que estão rejeitando seus filhos.

**Disseram que todos deveriam lutar contra a promiscuidade, a corrupção, a mentira, o roubo, o tráfico de drogas e não contra o amor.**

Para eles, não aceitar os filhos homossexuais e não apoiá-los para que sejam felizes e íntegros é se omitir do papel de pais, pais de verdade, pais para valer.

Os pais e o
# SEXO

## Pais debatem a
## **sua homossexualidade**

Em relação a pais que são homossexuais, alguns adultos acham isso um absurdo, uma pouca-vergonha e dizem que esses pais nunca deveriam ter permitido que isso acontecesse com eles. Enquanto isso, um outro grupo diz que ser homossexual ou heterossexual não importa, o importante é que as pessoas sejam íntegras, que saibam se respeitar e educar seus filhos, independentemente da sua preferência sexual. Mas também há os pais que acham isso pecado e sequer questionam o assunto.

Pais homossexuais (ou porque tiveram filhos em uma relação heterossexual anterior, ou porque adotaram os filhos) desejam ser vistos com respeito e não querem que seus filhos sejam discriminados. Quanto à preferência sexual, disseram que não poderiam deixar de assumi-la e de ser felizes como são.

Alguns afirmaram que o exemplo é tudo, e que se querem uma relação verdadeira com seus filhos devem ser verdadeiros consigo. Neste grupo de pais há os que contaram aos seus filhos que são homossexuais e os que não contaram. Mas todos querem ser vistos como cidadãos e não querem viver à margem da sociedade, escondidos de tudo.

Os pais e o
# SEXO

Ficam mais estas considerações para os pais refletirem, questionarem, debaterem, repensarem suas posições e atitudes em relação a este tema ainda tão polêmico.

Alguns pais conversam, orientam e são amigos de seus filhos. Outros não.

# E você?

## Como você se posiciona a respeito deste tema ainda tão

# polêmico?

OS PAIS E A VIOL...

ENCIA

OS PAIS E A VIOLÊNCIA

De modo geral,

**os pais detestam violência** e se sentem cada vez mais ameaçados por ela. **A maioria sente muito medo de que seus filhos sejam vítimas da violência**, principalmente a urbana.

A violência sempre tirou o sono de muitos pais de adolescentes que saem à noite e às vezes só voltam de madrugada. Só que hoje em dia não tira só o sono não. Tira também o sossego durante o dia.

Pais sentem muito medo de **perder** seus filhos ainda jovens.

**OS PAIS E A VIOLÊNCIA**

## Por violência entendem:

❖ Qualquer tipo de agressão física.
❖ Proibição de expressão de ideias.
❖ Assassinatos, assaltos, sequestros, balas perdidas.
❖ Brigas de qualquer espécie.
❖ Guerras.
❖ Abuso sexual.
❖ Abuso moral.
❖ Algo inerente ao ser humano.
❖ Todo tipo de crueldade, seja ela direta ou velada.

Os pais apontam **algumas causas para a atual onda de violência** que estamos vivendo.

Muitos acreditam que uma das causas está relacionada ao fato de estarmos colhendo os frutos de anos e anos de descaso das autoridades em relação à área social.

Alguns acham que a desigualdade social é o fator mais forte, somado à impunidade, ao abuso de poder, à corrupção e ao roubo institucionalizado.

## Outras causas poderiam ser:

❖ A falta de limites, de educação.
❖ A falta de tudo.
❖ A falta de respeito.
❖ A opressão.
❖ A falta de Deus no coração.
❖ O descaso do ser humano em relação ao próximo.
❖ O afastamento dos valores morais e humanos.
❖ O não amar ao próximo como a si mesmo.
❖ O desrespeito.
❖ A fome e a miséria.
❖ A omissão do Estado.
❖ A omissão das autoridades frente à corrupção.

**OS PAIS E A VIOLÊNCIA**

## A violência está em qualquer lugar e pode ser:
# física, psicológica ou moral

Pais de diferentes classes sociais se preocupam com seus filhos. Seja rico ou pobre, classe alta, média ou baixa, os pais morrem de medo de que seus filhos sejam alvo de uma bala perdida ou de que sofram algum tipo de violência.

Disseram que antes a violência só existia em locais de risco, em locais mais violentos, mas que atualmente ela está em qualquer lugar. Hoje há tiroteios nas comunidades mais carentes, em bairros nobres, nas ruas, nos morros e nas vias expressas. As balas perdidas estão soltas por aí, e muitas vezes "batem" à porta das casas.

Antes, quando se falava em violência, ela estava mais na TV, nos noticiários, e não na casa do vizinho. Alguns adultos acham que nunca ela esteve tão perto de nós. Hoje ela está na esquina, no trânsito, em qualquer lugar.

Enquanto isso, outros acham que na verdade ela sempre existiu e que agora as pessoas falam sobre coisas que não falavam antes. Mas um grupo disse que a mídia exagera nas notícias sobre violência. Ao mesmo tempo chama atenção para a violência em que a sociedade está mergulhada.

Um dos maiores medos dos pais hoje em dia é que seus filhos saiam de casa para fazer coisas que jovens adoram fazer – como namorar, se divertir, ir à praia, ao shopping, ao cinema, ao teatro, a um centro cultural – e não voltem. Ou mesmo quando os filhos saem para ir à escola ou faculdade e não é possível saber se voltarão ou se serão vítimas de uma bala perdida, um assalto, um acidente de carro devido à imprudência deles próprios ou de terceiros.

# Violência no trânsito: como os pais veem esta questão?

Os pais, de modo geral, têm muito receio que seus filhos peguem carona com algum amigo que bebeu e não ficou em condições de dirigir. Sabem que os casos de jovens que morrem em acidentes de trânsito são inúmeros, e temem que isso aconteça com seus filhos: ou porque podem **dirigir bêbados,** ou porque podem **pegar carona com um amigo alcoolizado,** ou, pior ainda, podem ser vítimas de algum **motorista irresponsável** e bêbado em outro veículo.

**Muitos pais apontaram uma questão importante:**

"Não são só os jovens que são imprudentes no trânsito. Muitos adultos também o são".

## Adultos também dirigem bêbados

e, pior, acham que nada acontecerá exatamente pelo fato de serem adultos. Alguns são altamente irresponsáveis dirigindo: fazem ultrapassagens e manobras perigosas, correm demais, não usam cinto de segurança, dirigem falando no celular, fumando, e muitas vezes são negligentes até mesmo quando estão com o carro cheio de crianças no banco de trás.

Isso sem contar os irritadinhos, os nervosinhos, os brigões, que vivem arrumando confusão no

trânsito. Confusões que infelizmente podem acabar em morte; afinal, as pessoas ficam alteradas quando brigam, podendo, se armadas, cometer um crime desnecessário e fútil.

## Os pais chegaram à conclusão de que no trânsito existem:

* ❖ Jovens e adultos prudentes.
* ❖ Jovens e adultos imprudentes.
* ❖ Jovens e adultos brigões.
* ❖ Jovens e adultos tranquilos.
* ❖ Jovens e adultos responsáveis.
* ❖ Jovens e adultos irresponsáveis.
* ❖ Jovens e adultos que respeitam as leis do trânsito.
* ❖ Jovens e adultos que não respeitam as leis do trânsito.
* ❖ Jovens e adultos que morrem devido às suas imprudências.
* ❖ Jovens e adultos que morrem devido às imprudências de terceiros.

Pais também ficam inseguros em saber que existem falsas *blitz* e que seus filhos podem cair em uma cilada dessas. Também se preocupam com a possibilidade de eles serem assaltados nos sinais de trânsito, podendo morrer vítima da reação deles mesmos ou dos assaltantes.

OS PAIS E A VIOLÊNCIA

## Os pais comentam sobre as
# balas perdidas

Pais de qualquer classe social têm pavor de balas perdidas. Não gostam nem de pensar que uma bala perdida possa vir a atingir seus filhos.

Pais que moram em comunidades de baixa renda, periferias e locais mais violentos vivem o temor da bala perdida diariamente. Até mesmo quando estão em suas casas, sentem-se ameaçados quando começa um tiroteio.

Muitos pais dizem que, devido a essa onda de violência, sentem muito medo quando seus filhos saem, principalmente à noite. Alguns proíbem os filhos de saírem, pois acham que assim podem protegê-los do perigo. Outros acham besteira proibir. Dizem que se tiver de morrer vai morrer em qualquer lugar, até dentro de casa. Ou mesmo durante o dia, como já morreram várias vítimas de balas perdidas nas grandes metrópoles. Também há aqueles que afirmam que não se deve facilitar o contato com o perigo.

**OS PAIS E A VIOLÊNCIA**

## A violência nas
# "baladas"

Muitos pais se sentem inseguros quando seus filhos saem para as famosas "baladas". Ficam receosos que eles briguem, que se metam em confusões, que sejam vítimas de jovens inconsequentes e arruaceiros.

Alguns não gostam nem de pensar que seus filhos possam estar em uma boate, em um bar ou em uma festa e, caso aconteça uma briga, eles sejam vítimas da violência de terceiros. Seja em uma briga corporal ou uma briga envolvendo armas.

Existem pais violentos, brigões, que incitam seus filhos a se tornarem valentões e a regirem a tudo. Estes pais acham lindo que seu filho seja macho, valente e não leve desaforo para casa. Ainda existem pais que acham que homem de verdade não chora e tem que saber brigar e bater. Mas também existem os que acham essa atitude briguenta uma ignorância, sendo incentivadores da não violência.

Alguns pais "compram as brigas" dos filhos. Outros nem sabem que seus filhos brigaram. Há também aqueles que preferem deixar que os filhos resolvam sozinhos os seus problemas, deixando para se meter só se a coisa for séria demais.

**E você? Como reagiria se soubesse que seu filho brigou em uma festa ou uma "balada" ou foi vítima de uma briga?**

# Os pais e os
# jovens violentos

Sobre este tópico os pais comentam que jovens violentos possuem um desvio de conduta comportamental, um desequilíbrio psicológico, seja consciente ou inconsciente. Alguns acreditam que certos jovens nascem com propensão à violência e que precisam aprender a combater os instintos violentos que já trazem consigo.

Alguns pais chamaram atenção para uma questão importante: **Tentar entender por que um jovem se torna uma pessoa desequilibrada a ponto de agredir ou matar pessoas inocentes**. Qual será o motivo que leva um jovem a se tornar uma pessoa agressiva? Alguns pais acham que isso tem a ver com:

* ❖ Falta de limites dos pais.
* ❖ Falta de caráter.
* ❖ Problemas de adaptação do jovem à sociedade.
* ❖ Desequilíbrio emocional.
* ❖ Carência.
* ❖ Desvio de conduta.
* ❖ Falta de contato amoroso com os pais.
* ❖ Impunidade dos pais.
* ❖ Conivência de alguns pais.
* ❖ Pais agressivos e violentos.

OS PAIS E A VIOLÊNCIA

Vários pais acham que, de modo geral, **jovens agressores** sem recursos acabam presos e punidos, enquanto aqueles que têm recursos raramente ficam presos, sendo protegidos por pais influentes que conseguem comprar a liberdade de seus filhos.

Segundo os pais, a **impunidade** e a **falta de uma educação sem limites** são os principais fatores para que **cenas de violência** cometidas por jovens continuem a acontecer.

Pais que não educam e não dão limites colhem frutos de uma educação do descaso e muitas vezes são surpreendidos pelos atos violentos de seus filhos. Pais que descobrem algum ato ilícito de seus filhos e não tomam uma atitude sofrem consequências sérias.

Alguns pais acham que, mesmo dando muita orientação, os filhos podem cometer atos violentos influenciados por amigos e por seu próprio livre-arbítrio. A questão não é só o jovem fazer, mas como seus pais agem quando ficam sabendo. Será que os filhos ficam de castigo? Perdem alguma coisa? Ou será que são valorizados por serem como são? Ou não são punidos e seus pais fingem que nada aconteceu?

**OS PAIS E A VIOLÊNCIA**

Os pais acham que existem jovens violentos em qualquer classe social e que a questão está relacionada à maneira como eles conduzem os acontecimentos. Muitos apontaram o fato de os próprios responsáveis pelos jovens serem pessoas violentas, agressivas e corruptas. E dizem que violência acaba gerando mais violência.

# Pedido de alguns pais:

É preciso educar para fazer do jovem uma pessoa de bem e não um cidadão violento e agressivo. Todos os responsáveis devem pensar no tipo de orientação que querem dar aos jovens.

# Os pais **devem** ou **não** bater em seus filhos?

Para os pais existe uma diferença entre dar uma **palmada** na "hora certa" e **bater e/ou espancar**. Alguns acham que uma palmadinha não mata ninguém e pode ser um corretivo perfeito para educar crianças e jovens. Outros discordam totalmente e acreditam que nunca se deve bater, e sim conversar, explicar, orientar. Os pais que discordam dizem que os pais que batem em seus filhos, de modo geral, estão descontando neles alguma raiva contida.

Muitos chamaram a atenção para jovens que sofrem com **a violência doméstica**; que apanham, que são espancados, e até mesmo violentados. Acham que nos casos de estupro doméstico, muitas vezes, a mãe sabe e é conivente por temer a reação do agressor.

Quem sofre com a violência doméstica não tem coragem de contar o que sente por medo, vergonha, ou por achar que ninguém irá acreditar em sua história. Mas infelizmente essas histórias acontecem de verdade e deveriam ser debatidas nas famílias sem preconceitos ou pudores.

**Falta de carinho agride?** Os pais dizem que **SIM**. E acham que todos deveriam pensar sobre suas atitudes com seus filhos.

**Falta de educação e limites** acabam sempre em brigas familiares, porque os pais deixam tudo, até que o tudo os incomode. Nessa hora, sem saber o que fazer e sem autoridade alguma, batem em seus filhos.

# O tráfico de **drogas** e a violência: como os pais veem esta questão?

Pais não querem ver seus filhos envolvidos com o tráfico de drogas. Eles querem preservá-los do contato com as drogas e com toda a violência que está relacionada a elas.

Para alguns o tráfico de drogas está totalmente relacionado com a violência urbana. Para outros, não; está relacionado com a corrupção, com o descaso das autoridades, com a desigualdade social e com uma inversão de valores sociais.

Pais não querem ver seus filhos morrendo em uma troca de tiros entre traficantes e polícia. Não querem mais ter medo de sair às ruas e não saber se voltarão para casa com vida ou se serão vítimas desta relação conturbada entre bandidos, traficantes e policiais.

## OS PAIS E A VIOLÊNCIA

A maioria sabe que jovens de comunidade de baixa renda sofrem diretamente com o tráfico de drogas. Muitos são discriminados e são vítimas da desinformação, porque algumas pessoas ainda pensam que nas comunidades só vivem bandidos e traficantes, desconhecendo a realidade de quem mora lá.

Jovens envolvidos com o tráfico de drogas, se tivessem tido oportunidades de estudo e educação de qualidade, não estariam envolvidos com bandidos, e sim estudando e vivendo uma vida digna e sem riscos. Muitos jovens se envolveram por falta de opção e por precisar ajudar suas famílias no sustento da casa.

OS PAIS E A VIOLÊNCIA

# Jovens
## infratores

Jovens que sofrem algum tipo de violência diretamente de jovens infratores sentem uma mistura de raiva, ódio e pena.

A reação dos pais se divide diante de jovens que roubam, assaltam ou matam seus filhos e familiares.

Alguns acham que é preciso conhecer a vida do agressor para depois julgá-lo. Outros sentem pena e acham que esses jovens são vítimas da sociedade e do total descaso das autoridades em relação à educação. Dizem que a desigualdade social cultivada há anos é a principal causa de os jovens estarem como estão: roubando, matando e não dando valor à vida. E se perguntam: que vida esses jovens infratores têm para desejarem dar valor a ela?

Muitos adultos acham que jovens infratores não deveriam existir na sociedade. Mas como eles existem, devem ficar bem longe do convívio social. Enquanto isso, muitos pensam que esses jovens estão como estão devido a um total abandono que as classes mais baixas estão vivendo e a uma desigualdade social enorme.

## OS PAIS E A VIOLÊNCIA

Muitos acham que a falta de valores morais é o que impulsiona o jovem ao crime. Outros apontam a sociedade de consumo como responsável por impulsionar a violência, pois a inversão de valores no consumismo desenfreado é muito grande.

Muitos pais disseram que a instigação da mídia para que as pessoas consumam coisas, como beleza, carros, apartamentos de luxo, celulares modernos, roupas de marca, é a potencial causadora desta inversão de valores que a sociedade está vivendo: **As pessoas passam a ser o que têm e não o que são**. Passam a buscar compensações fora e não em seu íntimo.

As pessoas querem ter mais e mais, mesmo que não possuam dinheiro para tal consumo. Sendo assim, muitos acabam roubando para poder ter o tênis de marca, o relógio poderoso, o supercarro, a mochila incrementada, o celular de última geração etc.

Alguns pais apontaram a inveja como um fator provocador de raiva e desejo. Jovens mais pobres muitas vezes sentem inveja de jovens com um pouco mais de posses e passam a querer o que o outro tem. Se não puderem ter, roubam, e geralmente sentindo muita raiva dos que têm. Mas muitos acham que sempre alguém está querendo ter mais do que tem, independentemente da classe social.

Para a grande maioria dos pais, o problema está mesmo na educação. Uma sociedade que não valoriza a educação colhe violência e falta de oportunidades.

OS PAIS E A
**VIOLÊNCIA**

# Algumas frases:

"Fechar os olhos para jovens infratores e fazer de conta que eles não existem é fechar os olhos para o futuro da humanidade."

"Temos que cuidar de nossos jovens, dando-lhes educação e proporcionando oportunidades de vida digna."

OS PAIS E A VIOLÊNCIA

# Onde está a violência?

- ❖ Está na incompetência das autoridades, disseram uns.
- ❖ Está onde existe corrupção e impunidade, disseram outros.
- ❖ Está no ser humano, disseram alguns.

Quem acredita que a violência está em cada um, diz que é preciso parar de culpar só a sociedade, pois a questão da violência não acabará enquanto as pessoas não se modificarem interiormente, sendo mais tolerantes com o próximo e com as diferenças. Disseram que a inveja, o egoísmo, o preconceito e a cobiça são os principais fatores para o desequilíbrio emocional de jovens e adultos.

Chamaram a atenção dizendo que a violência sempre existiu desde que o mundo é mundo, e que tudo vai apenas ganhando novos ares. Dizem que, se hoje a violência está parecendo cada vez maior, é graças à ação dos próprios seres humanos. Alguns disseram que "há de existir o mal para que se veja a necessidade do bem e se busquem transformações reais na sociedade". Você concorda? Acha que isso procede?

**Afinal, por que ainda existe tanta violência no mundo?**
E você, que é responsável pela educação de jovens, como pode ajudar a diminuir essa onda de violência que parece aumentar a cada dia?

# OS PAIS E O
# RELACIO
# COM OS
# FIL

AMENTO

HOS

# RELACIONAMENTO
## COM OS
# FILHOS

**E**sta história de relacionamentos entre pais e filhos é uma questão complicada, porque neste ponto as opiniões vão variar muito de família para família, de adulto para adulto, de jovem para jovem. Cada um pensa de um jeito e acredita que esta é a melhor maneira de ser, educar, agir.

## Como é a sua relação com seus filhos?

Você gostaria que a sua relação com seus filhos fosse diferente?

## Se **sim**, como gostaria que fosse?

# RELACIONAMENTO
## COM OS
# FILHOS

Nem sempre essa relação com os filhos é tão harmoniosa e quase nunca os filhos são tão responsáveis como os pais gostariam. Mas por mais incrível que pareça, ficou claro nas entrevistas que os jovens gostam de ter limites, mesmo quando dizem que os pais enchem a paciência falando e orientando o tempo todo.

Durante o processo de escrita deste livro, ouvi um relato muito importante, fundamental para os filhos e os pais refletirem a respeito. Uma amiga me contou a seguinte história de duas mães (em torno dos seus 45 anos) que estavam conversando.

— *Meus filhos não podem frequentar boates de jeito nenhum. Principalmente minha filha, porque o ambiente é péssimo, vendem bebidas alcoólicas e ainda por cima tem essa moda de ficar com qualquer pessoa ou com mais de uma pessoa na mesma noite. Não deixo mesmo, assim tenho certeza de que estou preservando meus filhos dessas influências negativas. Não sei como você permite que sua filha vá a um lugar desses!*

— *E você acha que proibir vai adiantar alguma coisa? Você não acha que seus filhos podem fazer o que desejam bem debaixo do seu nariz sem você ficar sabendo? Proibir não adianta. O importante é conversar, orientar, para que eles reflitam antes de tomar qualquer atitude. Minha vizinha não deixava*

OS PAIS E O
# RELACIONAMENTO
## COM OS
# FILHOS

*a filha ir pra "balada", com medo de ela ficar com alguém, e muito menos conversava com ela sobre sexo e relacionamentos. Só que todas as tardes, enquanto os pais trabalhavam, a menina ia para a casa de um rapaz da escola e acabou engravidando aos 15 anos...*

## A conversa das duas mães pede reflexão por parte dos pais e dos filhos em relação às suas atitudes. Qual a sua posição em relação a essa conversa?

SINTONIA FINA

PAIS

OS PAIS E O
## RELACIONAMENTO
COM OS
# FILHOS

A proposta deste livro, desde o início da coleção (que começou com livros voltados para crianças), é discutir limites. **Afinal, o que fazer?** Qual é o limite entre o que pode e o que não pode fazer?

Este conflito entre poder e não poder existirá sempre, porque faz parte da educação de cada um e varia de família para família. Os pais sempre fazem o que acham que é o melhor para seus filhos. Nem sempre acertam.

A maioria disse que o importante é ser coerente com suas ideias, para não passar um duplo sentido para os filhos. "Se acharem que não devem deixar os filhos fazer alguma coisa, não deixem. Porque, senão, podem ficar inseguros depois, e se algo der errado, ficarão se culpando para o resto da vida, e isso não é bom."

Os pais sabem que **não existe uma fórmula mágica para educar os filhos**, e que cada um deve agir conforme seu coração mandar. Mas bem que alguns gostariam de ter um manual de instruções para saber como deveriam agir em determinadas situações.

## Na hora de educar os filhos, alguns pais acham que...

... a conversa é sempre o melhor caminho.

... precisam fazer valer sua autoridade.

... proibir é uma maneira de proteger.

... precisam dar o exemplo.

... não adianta falar uma coisa e agir de maneira diferente: o exemplo é tudo.

... é preciso assumir o papel de responsável pelos filhos.

OS PAIS E O

# RELACIONAMENTO
## COM OS
# FILHOS

... mesmo dando exemplos os filhos podem optar por seguir caminhos contrários aos do exemplo e orientação que receberam.

... podem e devem orientar diariamente.

... existe uma diferença enorme entre ser autoritário e ter autoridade.

... mesmo conhecendo os filhos, eles guardam alguns segredos que podem surpreender os pais, seja positiva ou negativamente.

... se sentem muito seguros e acham que sempre estão com a razão.

... se sentem inseguros, mas procuram fazer o melhor, sem achar que são donos da razão.

... escutam o que seus filhos têm a dizer e dialogam com eles.

... acham que seus filhos não têm nada a dizer e só podem obedecer.

... precisam encontrar uma justa medida entre o que pode e o que não pode, mesmo sabendo que esse limite é muito tênue.

... é importante dar liberdade gradativamente, para que os filhos comecem a ter responsabilidades.

... filhos devem ser trazidos na "rédea curta", como se dizia antigamente.

... os filhos precisam ter vivências para ter suas próprias experiências de vida.

... devem educar os filhos para que aprendam a respeitar as diferenças: sexuais, raciais, sociais e religiosas.

... devem educar os filhos para que sejam cópias do que são.

... só eles estão certos e têm razão; pais que educam diferente deles são errados e não merecem respeito.

... cada família tem seu jeito de educar e todas merecem respeito, a não ser que a educação seja pela violência, neste caso deve haver interferência.

... não se deve julgar sem conhecer a história, e que o importante é o respeito mútuo entre pais e filhos.

# RELACIONAMENTO
## COM OS
# FILHOS

## Para alguns adultos:

**Pais permissivos** demais geram filhos inconsequentes. A permissividade excessiva pode formar cidadãos sem limites e até mesmo violentos, que acreditam poder fazer tudo o que querem.

**Pais autoritários** demais geram filhos mentirosos ou medrosos. O autoritarismo excessivo também causa o distanciamento na relação entre filhos e pais e cria um abismo na comunicação, já que não há espaço para o diálogo e nem para os filhos serem diferentes do que os pais esperam deles. Os filhos muitas vezes se sentem oprimidos e distantes de seus pais, temendo-os, mas não necessariamente respeitando-os.

**Pais que buscam um equilíbrio**, que conversam e tentam entender seus filhos, geram jovens com capacidade de discernimento. Acham que desta maneira é mais fácil tocar o coração dos filhos. Para alguns pais o melhor caminho é conversar e respeitar opiniões, ouvindo as ideias e agindo sempre com bom-senso.

## Mas para outros adultos:

**Pais permissivos** são pais modernos que deixam os filhos escolher seu próprio caminho; mas ao mesmo tempo esses pais não dão orientação nenhuma aos filhos.

**Pais autoritários** são o que há de melhor porque sabem fazer valer sua autoridade e serão sempre temidos. Os filhos lhes obedecerão e nunca causarão problemas.

**Pais que buscam um equilíbrio** são fracos, porque não sabem bem o que fazer e acham que devem escutar os filhos para tomar uma decisão.

OS PAIS E O
## RELACIONAMENTO
COM OS
# FILHOS

**Que tipo de pais vocês são?**

**Que tipo de educadores vocês são?**

**Como orientam seus filhos?**

**Escutam o que eles têm a dizer ou acham isso bobagem?**

# Discutindo responsabilidades:
# dos pais e dos filhos

*Opinião dos **pais***

# RELACIONAMENTO
## COM OS
# FILHOS

## Responsabilidades dos pais:

Educar sempre, cuidar, dar amor, carinho, proteção, dar o bom exemplo, prover a casa e a família, cuidar da saúde, não permitir que seus filhos parem de estudar até terminar, pelo menos, o Ensino Médio, dar uma educação religiosa.

Vários pais se questionam se devem ou não dar algum tipo de educação religiosa. Uns acham que sim. Outros que não. E há aqueles que acreditam que devem deixar os filhos crescer para que eles escolham se querem ou não seguir uma religião. Alguns pais questionam essa postura: "Como os filhos poderão escolher seguir alguma religião se não as conhecerem?".

## Entre os pais que dão uma educação religiosa:

❖ Têm os que permitem e respeitam que seus filhos tenham sua própria opinião sobre religião.

❖ Têm os que não aceitam que os filhos sigam uma religião diferente da deles ou que os questionem a respeito do assunto.

Alguns pais acham que não devem dar tudo o que os filhos querem, porque isso é prejudicial à educação deles. Educar é dar limites. Mas alguns pais dão tudo porque acham que isso é uma maneira de compensar ausências ou porque é mais fácil dizer sim do que sustentar um não.

# RELACIONAMENTO
## COM OS
# FILHOS

Há também os que não têm responsabilidades, que
são inconsequentes, corruptos, ladrões. Que não dão
um bom exemplo, que falam uma coisa e fazem outra.
Há pais que se omitem de educar seus filhos. Há os
que educam ensinando seus filhos desde pequenos
a terem responsabilidades nas pequenas coisas do
dia a dia e os que não ensinam nunca os filhos a ter
responsabilidades, pois fazem tudo por eles.

## Responsabilidades dos filhos:

Ouvir e obedecer a seus pais. Cumprir suas obrigações
de estudo e os combinados que tenham com sua
família em relação às tarefas da casa. Cumprir horários,
tirar boas notas nos estudos, passar de ano, ser
pessoas justas e corretas, não prejudicar o próximo.

Não deixar seus pertences espalhados pela casa. Não
perder as coisas que ganham. Caso tenham um quarto,
precisam arrumar o quarto, uma vez que adolescentes
adoram privacidade e detestam que mexam em suas
coisas.

Aprender a fazer as coisas por si só para ficar menos
dependentes dos pais. Só que existem pais que
não permitem que seus filhos façam as coisas por
si só e estão sempre fazendo por eles. Vários se
questionaram nessa hora: "Qual é a melhor hora de
deixar os filhos ter autonomia? Como ensiná-los a ter
responsabilidades? Como é difícil encontrar este limite
entre o sim e o não, entre o pode e o não pode".

# E pra terminar:

Ser pai e ser mãe é mesmo muito complicado, pois filhos não nascem com manual de instruções. Há que se aprender no dia a dia a conviver da melhor maneira possível, inventando e reinventando a vida em prol da felicidade de todos da família.

Muitos pais precisam atuar com energia e criatividade quando os filhos aparecem com atitudes radicais. Muitas vezes os pais precisam tomar atitudes completamente diferentes das que estão acostumados, para tentar reverter algum quadro complicado na família.

Nesta hora, muitos aconselham o uso do bom--senso, porque o que vale para um filho não vale para outro. O que deu certo com um não dá com o outro. Cada um é diferente do outro e cada situação é única e precisa ser avaliada singularmente. E porque viver é isso: um dia de cada vez, com alegrias e dissabores.

Não existem regras predefinidas para o que dá certo. Não existem fórmulas mágicas e nem receitas prontas para os problemas do cotidiano familiar. Cada responsável é que vai precisar descobrir qual a melhor maneira de agir, atuar e educar cada filho.

# RELACIONAMENTO
## COM OS
# FILHOS

# E você?

Como quer ser visto por seus filhos? Como vê seus filhos? Como quer ser lembrado por eles? Que exemplo você dá a seus filhos? Você é responsável? Quer ser respeitado? Respeita seus filhos? Como é a sua relação com eles e como você se vê neste exato momento? **Pare, pense, reflita!**

Que tal, para terminar o ciclo de leituras e reflexões, você escrever uma carta para os seus filhos contando

## tudo aquilo que você sempre quis dizer, mas ainda não disse?

Escreva em um papel bem bacana e dê de presente para seu filho, ou quem sabe você escreve uma carta para cada filho, caso você tenha mais de um? Boa sorte e boa escrita!